外交风云
亲历记

U0772632

国外见闻与人生思考

——一位与新中国一起成长的驻外大使
的酸甜苦辣

朱应鹿 著

五洲传播出版社

图书在版编目（CIP）数据

国外见闻与人生思考 / 朱应鹿著. -- 北京：五洲传播出版社，2019.3
（"外交风云亲历记"丛书）
ISBN 978-7-5085-3842-6

Ⅰ.①国… Ⅱ.①朱… Ⅲ.①朱应鹿 – 回忆录 Ⅳ.①K827=7

中国版本图书馆CIP数据核字(2019)第040710号

"外交风云亲历记"丛书

国外见闻与人生思考

著　　者：朱应鹿
出 版 人：荆孝敏
责任编辑：高　磊
助理编辑：高倩倩
装帧设计：丰饶视觉
出版发行：五洲传播出版社
地　　址：北京市海淀区北三环中路31号生产力大楼B座6层
邮　　编：100088
发行电话：010-82005927，010-82007837
网　　址：http://www.cicc.org.cn，http://www.thatsbooks.com
印　　刷：中煤（北京）印务有限公司
开　　本：787x1092mm 1/16
印　　张：13.75
字　　数：200千
版　　次：2019年3月第1版第1次印刷
书　　号：ISBN 978-7-5085-3842-6
定　　价：35.00元

1992 年 6 月，中国在开罗举办文明展。这是朱大使在
开幕式上致辞。

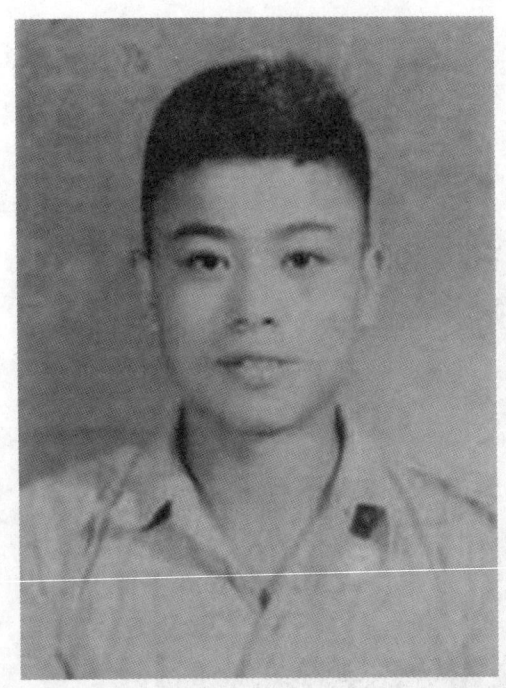

1947 年在苏州中学读初中时的留影

1955 年，在老外交部东楼前

1956 年，外交部篮球代表队合影（后排右一为朱应鹿）

1961 年与家人在上海留影（前排中间是伯母戴腊梅，两侧是大姐的儿女；后排左起：大姐朱雪瑛、大姐夫沙文瑄、朱应鹿、二姐朱小雪）

1964 年初，周总理在成都与陪同出访亚非 14 国的人员合影（四排左二为朱应鹿）

1983 年 7 月，朱应鹿夫人童心礼（二排右三）作为外交部三八红旗手参加表彰大会。（左五是吴学谦外长、右六为姚广副部长）

1979 年，荣毅仁（前排中）首次率团赴西欧开拓对外经济合作时留影（前排右一为童心礼）

1976 年 10 月，从驻阿尔及利亚使馆回国休假期间，与父亲朱文若（右）、儿子朱学庆（左）在无锡游憩时留影

1984 年秋，外交部党委组织评选先进党员活动，举行全部表彰大会，领导与先进代表合影，朱应鹿被评为部先进党员。（前排中为常务副部长钱其琛，前排左三为副部长姚广，四排右一是朱应鹿）

1983 年，中央党校第三期干部培训班四支部合影（第三排左二为朱应鹿）

1984 年 11 月，全国人大常委会副委员长习仲勋访问阿尔及利亚。图为朱应鹿（时任外交部西亚北非司司长）与习副委员长在阿尔及尔国宾馆留影。

1986 年 3 月，作者（后排右二）作为外交部西亚北非司司长随李先念主席出访埃及。

1991 年 2 月，突尼斯总统本·阿里（左）在办公室接见朱应鹿大使（右），就中东与海湾地区形势交换看法。

1993 年底，朱应鹿夫妇离任前在驻埃及大使官邸的客厅留影

1996 年，童心礼在挪威南部农村

1993 年 9 月 30 日，驻埃及大使朱应鹿夫妇出席驻亚历山大总领事馆举行的国庆招待会（右起：总领事杜广顺、朱应鹿、埃及亚历山大省省长伊斯梅尔、朱应鹿夫人童心礼）

1993 年 11 月，朱应鹿大使夫妇在伯利恒参观耶稣诞生地

1991 年秋，巴勒斯坦国总统阿拉法特在他突尼斯的办公室会见朱应鹿大使

中国、埃及都是世界文明古国，双方重视文化交流。1992年2月，埃及总统穆巴拉克（左一）在开罗参观中国展览馆时，朱应鹿大使（右一）向他赠送纪念品。

1995年1月，挪威首相布伦特兰夫人出席亚洲国家驻挪威使节午餐会前与朱应鹿大使合影，她在这次会上的讲话中有远见地提出了亚洲构想

1996 年 6 月，江泽民主席和夫人王冶坪在访问挪威期间，在挪威西部最大城市卑尔根海滨的游船上与挪威新任驻上海总领事肖斯塔夫人（后排中）以及朱应鹿大使和夫人童心礼合影留念

1998 年 4 月，朱应鹿大使夫妇在挪威卑尔根市艺术博物馆与馆长合影

1997 年 7 月 3 日，以朱大使为首的驻挪威使馆全体人员为庆祝香港回归，与奥斯陆华侨、华人子女同台演唱"歌唱祖国"。

1997 年 7 月 1 日在奥斯陆举行庆祝香港回归招待会

1997 年 11 月，挪威国王哈拉尔五世（左三）首次正式访华，宋雅王后（左二）同行，这是他们在参观故宫时与朱应鹿夫妇的合影

1998 年 6 月在官邸举行告别招待会，从此奥斯陆结束外交生涯

2004 年 4 月清明节，朱应鹿和夫人与亲人一起在昆山为父母和伯母扫墓（前排：左三为妹妹朱雪芳，左四为二姐朱小雪，右二为二弟媳王德仙，右一为大姐朱雪瑛；后排：左一为二弟朱应湘，左二为妹夫杨荣根，左三为二姐夫应志诚，右二为三弟朱应亮，右一为大弟朱应明）

2009 年 11 月 7 日是朱应鹿夫妇的金婚纪念日，他们在北京方庄的家里合影留念

2005 年 5 月，朱应鹿夫妇在上海浦东参观时留影

2011 年 12 月在北京方庄住所拍摄的全家福（前排左起：童心礼、小孙子朱博乐、朱应鹿；后排左起：儿子朱学庆、儿媳徐雯、大孙子朱博文、外孙冀牧风、女儿朱亚华、女婿冀红杰）

总　序

国际形势瞬息万变，外交工作错综复杂，做一名合格的外交官不容易。有人说外交官是用特殊材料历经千锤百炼才能造成，不无道理。

外交官最重要的是忠于祖国、忠于人民、不辱使命。如果说一个发展中的社会主义国家中国的外交干部与别国外交官有什么不同，那就是更要实事求是、联系实际、平等待人、勤奋好学、与时俱进，践行习近平新时代先进外交理念，以中国人民和世界人民的利益为中心，为维护和平和共同发展多做实事。

在任驻美大使的近三年里，最难处理的问题莫过于以美国为首的北约轰炸我驻南斯拉夫使馆并野蛮炸死我三位年轻记者，为让美方进行道歉、赔偿，我同美国人展开了一场又一场的较量；最劳心费力的莫过于台湾问题，台湾是中国领土完整不可分割的一部分，而美称霸世界，频频干涉我内政，有一回我馆上上下下为涉台问题向美方严正交涉达十多次。

外交部老干部笔会与中宣部五洲传播出版社联合编辑的"外交风云亲历记"丛书，就是讲外交官如何炼成的故事。老一代和上上一代外交官，都是在伟大的中国共产党和革命老前辈的言传身教下和建国初期的艰苦岁月里成长起来的。该丛书作者马振岗大使等九位资深外交官都听党的话，勤奋学习，谦虚谨慎，广交各国朋友，都令我敬佩。他们从不同角度生动记录新中国外交的点点滴滴，其中有他们自身成长的苦乐经历和不忘初心、牢记使命的人生感悟，也有各种典型的外交案例、感人的友好故事以及别具一格的异域风情。这些珍贵的回忆融思想性、知识性和趣味性于一体，对存史、资政、育人具有重要的价值，青年一代更会从中受益。

党的十八大以来，在以习近平同志为核心的党中央直接领导下，面对国际形势风云变幻，我国对外工作攻坚克难、砥砺前行，开创性推进中国特色大国外交，取得了举世瞩目的历史性成就。外交部老干部笔会秉承"书写多彩世界，服务和平发展"的宗旨，先后出版发行300 多部专著以及"我们和你们"丛书等十几套丛书，共约 9000 多万字，获得多方好评。老外交官们虽已离开外交第一线，但笔耕不辍，奉献外交的热情依旧，为新一代外交人员树立了榜样。相信他们将继续发挥自己的独特经验优势，继续为我国外交大业和人类命运共同体的构建增添正能量。

2018 年 10 月 1 日于北京东交民巷

目录

前　言

　　我是新中国成立初期投身于外交工作的，外交生涯比较丰富多彩。

　　在职 44 年，我大部分时间从事对中东、北非的外交工作，致力于与发展中国家的团结和友好事业。我首次出国，是到西非第一个取得独立的国家——几内亚。1960 年，身为年轻翻译的我有幸同该国首任总统塞古·杜尔在同一节铁皮车厢里过夜，亲见当地环境条件的艰辛，同时也感受到西非国家独立初期领导人的平民风格。作为大使，我先是出使突尼斯，后来又兼首任驻巴勒斯坦国大使，其间与阿拉法特会见 17 次，了解到中东问题，尤其是巴以争端的长期复杂性。在开罗，我看到埃及这个最大的阿拉伯国家为中东战争付出的巨大牺牲，也感到它在实现中东和平方面负有重大责任。1987 年，我目睹实行终身制的非洲元老、年届耄耋的突尼斯总统布尔吉巴遭废黜。

　　我在职的最后四年参加了同西方国家在意识形态与价值观领域的较量，同时与之进行了经济技术合作和人文交流。在挪威，我以大使的身份亲历了我国同这个国家（实际上背后是整个西方）围绕颁发诺贝尔和平奖以及在人权和涉藏问题上进行的尖锐、复杂的斗争。同时，我也看到这个小国在经济、财政、社会管理、环境保护、舆论监督以及政风、民习诸多方面确有独到之处。今天我们全面建设小康社会，有些方面值得学习和借鉴。当然，国情不同，不能照搬。

　　我在工作中取得了一定成绩。我比较注重调查研究，能提出一些新的看法和建议。1970 年秋，我为驻阿尔及利亚使馆起草过一份调研报告，其中预测可能出现美国撤出越南、重返中东的动向，受到外交部的通报表扬。但我也出过一些差错与失误，深感外交工作无小事。如在挪威一次答记者问时，谈话被西方记者歪曲报道，对外造成了不良影响。

　　我的人生道路比较顺利，但也小有曲折。

　　我有过荣耀的时候：入党比较早，受到国家级和部级表彰，进过中央党校，1984 年起担任外交部司长，后又出任驻多国大使。但在政治运动中，也遭遇过波折：1957 年整风时，我批评有的党员倚老卖老、不钻研业务、瞎指挥，并据此写过一出讽刺一位党支部书记的短剧（虚构）。"反右"阶段，我在司里受到批评。1966 年"文革"初期，我"造过反"，曾揭发一些领导干部民主作风差、生活特殊化等不正之风，还一度进入司造反组织领导班子。尽管不久因意见分歧，我被激进的造反派领导撤换下去，但一段时间里，我曾被作为犯过"左"的错误的干部对待。

逆境促使我更加刻苦、勤奋地工作，同时，经过学习、思考，我对解放以来党用"大民主"反腐败的教训和个人幼稚、偏激的缺点也有了比较深刻的认识。

我在 20 世纪 80 年代中被提拔为司长，其后出任驻外大使，前后 14 年里，作为领导干部，我经受了贯彻党的外交方针政策、克服个人考虑、讲真话、保持廉洁、过"人情关"，以及对内以忍让求团结的种种考验，感触良多。

我是一个"30 后"的知识分子，成长中经历了荣辱沉浮与酸甜苦辣。总的体会是，应当坚持正确的人生观，做一个没有个人权力的普通人，知足常乐。我常常想，自己是幸运的，在政治运动中，外交部领导高抬贵手，没有给我戴上什么帽子，依然给予我信任、使用。我人生一大幸事是参加外事工作后，有机会多次接触周总理，得到他的言传身教，这对我的为人处事产生深刻影响。当然，我人生的最大机遇还是 1949 年新生的人民共和国的诞生，它使我这个江南小镇上普通人家的子弟后来逐步成长为新中国第一批不带翻译的驻外大使。

最后，回顾个人漫长而平凡的人生道路，我可以无憾地说，我已把自己的精力与智慧奉献给了祖国壮丽的外交事业。看到我们正在建设的中国特色社会主义，尽管还存在不少问题和困难，但恰是我 68 年前参加革命，在北京外国语学校经过政治理论学习后所憧憬的那种"我为人人，人人为我"的新社会。

国外见闻篇

挪威亲历

我 1950 年参加革命，1954 年进入外交部，从事外交工作 44 年，有 38 年主管西亚、非洲国家，或在这些地区工作。这些国家与我国处境相似，工作主要是友好合作。而最后四年出任驻挪威大使，那里情况与我国迥异，工作上有合作也有斗争。

我的国外见闻从挪威开始，并以此作为重点，主要出于四点考虑。第一，挪威这个北欧小国，推行社会民主主义，从 20 世纪 60 年代末开始兴起到 90 年代中期的 25 年间，其经济管理、社会建设、民主监督、环保工作以及劳资协商等都有独到之处，对我们建设小康、和谐社会有借鉴作用。第二，挪威与我国意识形态不同，在人权、涉藏等问题上同我国存在分歧和斗争，我们做了比较妥善的应对；这于我们对待与其他西方国家的类似问题有现实意义。第三，美丽奇特的风光，跌宕起伏的历史，朴实可爱的人文，饶有兴味。第四，因为时隔不久，记忆犹新，材料也较完整。

奥斯陆维格朗公园秋景

国王与王室

我是 1994 年 2 月下旬抵达奥斯陆的。我在挪威的工作从 3 月 1 日向国王哈拉尔五世递交国书正式开始。因此，我在挪威的亲历就从接触国王与王室写起。

新王宫

奥斯陆市中心有一片方圆 55 英亩的高地，坡上覆盖着蓊蓊郁郁的树木，四周环绕清澈见底的池塘和大片小草茵茵的绿地。人们游憩其间，心旷神怡，这里已成为首都一处市民心仪的公园。高地顶部有一长排坐北朝南、嫩黄乳白相间的三层楼宇，这就是挪威的新王宫。它建成于 1884 年，现在是哈拉尔五世国王的住所和办公地点。楼宇中央突出一座由六根高大圆柱支撑的大阳台，气势宏伟，每年 5 月 17 日挪威宪法日时，国王及王室成员在此检阅节日游行队伍。阳台下面由七座石拱门组成的门廊，就是王宫的正式入口。阳台前面的广场是国王举行仪式欢迎外国元首的地方，也是外国游客喜爱拍照留念的场所。国王入住时，王宫上空就升起红底金狮的王旗；如果旗子上有三角形的缺块，那就表示国王不在王宫。

1996 年，朱应鹿大使在挪威新王宫前留影

简朴的递交国书仪式

1994 年 3 月 1 日，我就是在这里向国王递交国书的。仪式非常简朴，恐怕世界少见，在我也是首次。

那天上午，外交部礼宾司司长来官邸接我，未邀请其他中国外交官随行。我坐车随着他的车驶向王宫，沿途也没有开道车。我们到达王宫门廊时，王宫典礼官在门口迎接，引我们进入门厅。只见厅内灯火辉煌，通往二楼的大理石楼梯两侧自下而上肃立着三对穿着礼服的卫士，他们头戴黑色礼帽，身披红色大氅，脚蹬白色皮靴，手擎银色宝剑。我想这就是仪仗队了，我向他们点头回礼，一面随着礼宾官缓缓地走上二楼。礼宾官在楼道里拐了几个弯，到走廊中间一扇门前站住说，这就是国王的办公室。此时，一位卫士抢步上前，把门轻轻地推开。

国王的办公桌正对房门。穿着深色服装的哈拉尔五世国王正面带笑容，从桌后座椅上起身走向屋子中央，我连忙迎上前去，伸手向他致意。国王魁梧健壮，仪表堂堂，用他的大手握着我的手，说："欢迎您到来。"接着用手势示意我在他桌前座椅上坐下。此时，我发现这是一间不到30平方米的房间，除桌子右边靠墙放置一套沙发外，几无其他陈设。国王身旁未见任何陪见人员，也没有新闻记者、摄像师在场。一切显示，今天不会有通常的递交国书仪式了。于是，我从桌子前站起来，恭敬地把国书递交给国王，表示我非常荣幸代表中国来挪威履行职责。他接过国书看了一下，放在一边，再次请我落座，随即亲切地与我交谈起来。整个活动就是这样，没有仪式，不念颂词，没有答词，不拍电视，也不照相，确实打破常规。驻挪威的使节们在谈到递交国书时，都对未能与国王合影感到遗憾。21世纪初，看到陈乃清大使与穿着大礼服的国王在递交国书仪式上的合影，我感到挪威的礼宾也"与时俱进"了。

谈话开始我有些紧张，因为我学的是法语，英语讲得不太好，但国王的随和感染了我，使我一下子轻松起来。他首先像谈家常似的说起，1985年他作为王储访问过中国，那次访问给他留下美妙的印象；还告诉我结识了当时陪同他的周南副外长。我说，他离开中国的十年，改革开放给中国带来巨大、深刻的变化，欢迎他和王后方便时再去中国看看，他答称非常感兴趣。他还特别表示，他知道这几年中国经济发展迅速。我了解国王喜爱运动，本人还是挪威帆船协会主席，就主动谈到刚在挪威利勒哈默举行的世界冬奥会。当我对挪威在冬奥会上获得19枚滑雪金牌的优异成绩表示祝贺时，他很高兴，风趣地对我说，挪威人对滑雪情有独钟，所以人们说他们"从娘胎里出来时就带着雪橇的"。

1998年5月我离任时，国王也在这间办公室里接见我。他自然地回忆起1997年10月他偕王后访华期间度过的愉快时光，不仅称赞我为发展两国友好合作关系所做的努力，还特别要我问候他们在访华中结识的我的夫人，使我倍感亲切。

平民王室

挪威王室的平民风格在世界上久负盛名。国王哈拉尔五世没有架子，颇受人民喜爱。他还在年轻当王储的时候，有一次开车违反交通规则，不仅认了罚款，第二天还登报向国民道歉，一时间王室"遵守法规、没有特权"传为佳话。我到挪威任职，正赶上1994年2月世界冬奥会在挪威小山城利勒哈默举行。国王喜爱体育，我多次在电视里看到国王坐在普通观众席上同国民一起观看比赛。他出访和在国内活动都不乘专机。有一次，我们从奥斯陆出发到挪威西部城市卑尔根出席一个国际文化节，上了飞机，发现国王及其随从就坐在前舱里。

哈拉尔五世与平民出身的宋雅王后联姻颇不容易。1959年这对年轻的恋人提出结婚，父王奥拉夫与挪威议会和政府反复磋商，直到1968年8月才最终允准，历经九载。王后平易近人，学过缝纫和艺术，目前从事慈善事业，与普通百姓保持接触。王后的随和，在1996年6月江泽民主席访问期间也有表现。她一次在陪同江泽民夫人王冶坪参观首都古迹间隙，忽然提出到我们使馆小坐歇息；因为王后幼时在邻近我馆的一户亲戚家住过，从这家窗户可以望见我馆的院落。她的临时动议有点怀旧的意思。我们马上做了安排，王冶坪邀请王后到使馆喝茶叙谈。1997年8月，在奥斯陆举行以宋雅王后命名的国际声乐大赛，中国的男中音歌唱家廖昌永以他杰出的表演获得金奖。王后在授奖时，讲话激动而亲切，还说："你来自上海，我10月要去上海访问，我们还会见面。"当王后把奖杯授给廖昌永时，不仅握手，还热烈拥抱，引起全场长时间欢呼。

可能是受父母的影响他们的长子哈康王储1997年与同在奥斯陆大学学习的一位名叫梅特·玛丽特的平民单身母亲结识，并于2000年9月在首都一幢公寓楼里同居。据媒体报道，这在欧洲王室中开了先河。

挪威王室的平民作风，还有家族渊源。哈拉尔五世的祖父哈康七世国王，原来是丹麦的卡尔王子，是挪威1905年独立时丹麦国王克里斯琴九世册立的。他到这个新王国后做的第一件事，就是举行一次全民投票，以确定他在挪威臣民中被接受的程度。尽管传说人们拥护共和体制，但投票结果表明，绝大多数挪威人仍赞成继续实行君主制。哈康七世为人风趣、幽默、随和，被人誉为"民众的国王"，他本人也一再声称："我也是共产主义者的国王。"哈康七世的继承者奥拉夫五世也喜欢接近群众。奥拉夫年轻时在滑雪运动中显示杰出才能，1922年19岁时曾荣获全国青年高台跳雪比赛冠军。至今，奥拉夫五世的滑雪铜塑像一直耸立在奥斯陆东北郊外滑雪山道一侧，与世界著

1997年8月，廖昌永在奥斯陆获得歌唱大赛宋雅王后金奖后，朱应鹿（左一）和童心礼（左二）去后台祝贺时的合影（廖永昌左边是他的夫人）

1996 年 6 月，江泽民主席夫人王冶坪陪宋雅王后在驻挪威使馆客厅喝茶（左一为童心礼）

名的霍门科伦跳雪台遥遥相对。哈康国王和奥拉夫王储都与挪威人民一起参加了 20 世纪 40 年代历时五年的抗德战争。

有政治作为的王室

挪威实行君主立宪制。国王没有实际的立法、行政权，但作为国家象征、形式上的三军总司令，有重要政治作用，在国家危难时表现尤为明显。与多数欧洲君主国不同的是，挪威国王出席并主持内阁正式会议。内阁的决议须经国王批准、首相附署方能生效。挪威国王是参与国事的。

现任哈拉尔五世国王 1937 年 2 月出生于奥斯陆附近斯考古姆乡村的别宫，是公元 567 年以来第一位生于挪威的王子。他毕业于挪威军事学院，在牛津大学攻读社会学、历史学和经济学。1957 年他被册立为王储，开始参与国事，1991 年 1 月即位。我到任后，看到哈拉尔国王除出国访问和接待外国元首外，还经常参加国内重大政治活动，如在议会听取首相的工作报告，出席每年诺贝尔和平奖的颁奖典礼。从与国王不多的接触中，我感到他关心、熟悉国内外大事，考虑问题

细致实在。

1997 年 10 月访华前，国王专门约见我，表示此次访问主要想了解中国这样人口众多、情况复杂的大国是怎样处理自己面临的问题的。在访华中除北京、上海外，国王和王后还专门去云南丽江古镇参观，并对我们保护那里的民俗和环境倍加赞赏。国王对丽江之行很满意，他离华前对我说，如果到中国只在大城市看高楼大厦，不到内地转转，那就不如去美国了。

1998 年 5 月底，我向哈拉尔五世国王辞行。他除讲了一些友好的话外，还有准备地向我提了有关中国国内形势的有深度的问题，我做了扼要回答。第一个问题是，如何解决中国改革开放中碰到的工人下岗和少数官员腐败。我的回答是，用深化改革和立法监督来解决，但不是短期可臻。他表示同意，认为他访华中看到中国情况总的不错。他的第二个问题是，亚洲金融风暴对中国大陆，尤其是对香港的影响。我说，中国改革开放以来，国内经济实力有了较大提高，人民币坚挺，金融风暴对大陆影响不大；香港经济暂时会有些困难，但由于香港监管机制健全，人才多，国际联系广，又有大陆作为后盾，经济前景看好。他又问，香港经济短期下滑，会不会影响对大陆的投资？我说，不会。香港有些困难，港资会更多转移大陆，香港、大陆互相支持、促进。他对我的回答表示满意。

一周后，我就离任回国了。向国王辞行是我作为外交官的最后一场重要外事活动。我对这场活动之所以做些具体回顾，主要想说明两点：首先，通过此次谈话，我对哈拉尔五世国王有了进一步了解：他不仅是一位关心大事的政治家，而且大学时攻读经济学，对经济问题有研究。更重要的是，它使我感到，作为一名中国高级外交官，一刻也不能放松对国内外形势的追踪（当时亚洲金融风暴发生不久）和对国家方针政策的学习。

参与领导抗德战争的王室

挪威王室在人民中享有崇高威信，除上面提到的平民作风和关心、参与国事等现实因素外，还同王室在抗德战争中的光荣历史有关。

1940 年 4 月 8 日，德国军队袭击中立的挪威。10 日，希特勒派劳工部长布劳尔去奥斯陆会见哈康七世国王，威逼他支持挪威卖国贼吉斯林刚成立的纳粹政府。哈康国王报告内阁后，响亮地回答："不！"并向全国发表讲话，号召国民联合起来捍卫他们的国家独立与合法政府。由于挪威拒绝投降，于是同日德军大规模轰炸合法政府所在地艾佛卢姆，挪威抗德战争从此拉开了序幕。

在王室支持下，挪威政府军在中部坚持了两个月的抗战。最后因为英法盟军撤走，力量悬殊，6 月 7 日参谋长罗格将军被俘，挪威第一阶段抗战遂告失败。

在这种情况下，挪威国王、王储和一些军官、政府官员于当日乘坐英国军舰"德文郡"号离开北部港口特罗姆瑟撤往伦敦，继续抗战。哈康七世国王在英国流亡期间，经常以三军总司令名义号召国民用各种方式打击德国占领者，对鼓舞挪威人民的斗志起了重要作用。战争开始后，当时的王孙哈拉尔和两位小公主在母亲玛莎王妃带领下逃到瑞典，然后乘船从芬兰前往美国。由于王储奥拉夫和王妃玛莎 1938 年访美与美国上下特别是与罗斯福总统本人建立的联系，挪威二战中从美国包括从 200 多万挪威侨民那里得到大量援助和支持。王妃玛莎和王孙哈拉尔 1940 年到 1945 年一直在华盛顿度过。据说，哈拉尔是在罗斯福总统的游泳池里学会游泳的。今天这位挪威国王哈拉尔五世讲一口标准的美式英语，常使不了解这段历史的人感到惊奇。1945 年盟军大反攻开始，王储奥拉夫担任挪威武装部队总司令。1945 年 6 月 7 日哈康国王离开挪威整整 5 年之后，乘坐英国军舰（仍是"德文郡"号）凯旋回到奥斯陆，受到了市民非常盛大热烈的欢迎。

如何处理与挪威在人权和涉藏问题上的分歧与斗争

出使挪威的政治大环境

我国与挪威在人权和涉藏问题上的分歧和斗争，实际上是西方与我国和平演变与反和平演变整个斗争的一部分。受国际反华气候影响，1989 年 12 月，挪威诺贝尔委员会将和平奖授予达赖，支持他通过与中央政府谈判，采取"非暴力"方式，实现"西藏自由"。此后，达赖利用和平奖得主身份不断访问挪威和欧美一些国家，进行分裂祖国的活动。1994 年 11 月，美国 58 名议员提名被我国判刑的"民运分子"魏京生为和平奖候选人，得到挪威国内少数政治势力的支持。20 世纪 90 年代上、中期，设立在日内瓦的联合国人权委员会每年讨论人权问题，挪威都参加反华提案，并在会上攻击中国人权状况，要求中国"释放所有政治犯"，"尊重西藏人的文化和宗教权利"。挪威媒体上几乎看不到有关中国的正面报道，大多是负面情况，有的还是西方制造的在人权问题上诋毁中国的谎言。挪威"西藏委员会"每年 3 月 10 日都要组织几十人举着"雪山狮子旗"到使馆门口静坐示威。我就是在上述背景和气氛下，于 1994 年初去挪威履任的。尽管两国关系已从 1989 年底的低谷进入恢复上升期，但在我四年任期内，双方围绕人权、涉藏问题的斗争时紧时松，始终不断。

对于两国在人权、涉藏问题上的分歧和矛盾，我感到我们在实际工作中已形成这样一个方针：冷静分析，适当斗争，积极沟通，求同存异。对于有些事情，如美国议员提名魏京生为和平奖候选人、达赖访挪要求见挪威领导人，我们向有关方面做了提醒或进行交涉。但我们认为挪威与我国无直接利害冲突，挪方同我们在上述两个问题上的分歧，更多是历史、文化、传统不同，价值观差异，加上西方长期反华宣传影响造成的。因此，我们应把工作重点放在通过多种渠道和方式做好解释交流、增信释疑上，同时继续发展两国各方面的友好合作关系。

经过双方几年的共同努力，包括两国领导人的互访、民间接触和新闻媒体交流，两国不仅在人权、涉藏问题上增加了相互了解，而且各方面的友好合作包括经济贸易关系也得到了较大发展。

我长期主管与我们情况相似的西亚、非洲国家，更多是做团结友好工作。而最后一任挪威四年遇到了复杂的斗争，在一线参与处理有关事务，受到的锻炼，学到的东西，从某种意义上说，超过了以往38年。我更加懂得如何对待和处理国与国间的分歧和矛盾。在工作中我增长了一些才干，譬如怎样做对外宣传；也了解了不少新情况，如诺贝尔和平奖等。

江泽民主席出访挪威

20世纪90年代中后期我国领导人对挪威的访问，从江泽民主席、乔石委员长、李瑞环主席，到李岚清、钱其琛、邹家华副总理，宋健国务委员，都碰到人权和涉藏问题，他们都相机介绍有关情况，做挪威方面的工作。江主席访问效果明显，影响巨大，我想就自己的亲历做些回顾。

1996年6月，江主席偕夫人王冶坪率一个百人企业家代表团访挪。挪方非常重视。到达当天，国王哈拉尔五世和宋雅王后在王宫前广场上举行隆重欢迎仪式，首相布伦特兰夫人和议长格伦达尔夫人出席。仪仗队和王室卫队两旁列队。华人、华侨普遍反映，比此前的叶利钦总统访问规模更大，气氛也更加热烈。同时挪方对江主席一行的安全非常重视，沿途出动大批警察，应对少数"大赦国际"的人和"藏独分子"的反华骚扰。中午，国王在王宫举行家宴招待江主席及其陪同人员，王后、公主和王子都出来作陪，非常亲切。晚上国王举行国宴，讲话友好，赞扬了中国的改革开放。次日，国王和王后亲自陪同江主席和夫人游览、参观首都的名胜古迹以及博物馆等。

江主席此行重点是就人权和涉藏问题做挪威领导人的工作。挪威是一个400多万人口的小国，最近20多年经济上兴起，又名列富国前茅，在一部分政界人士中出现对外推销自己社会模式的倾向，对包括中国在内的发展中国家的人权状况颇多指责。挪威承认西藏是中国的一部分，但表示"关心西藏的人权、宗教和文化保护问题"，同情支持达赖。

　　针对这些情况，江主席在与布伦特兰首相的会谈中，除双边合作外，花相当长时间与她就人权问题进行坦诚的沟通和对话。江主席强调，中国重视人权、民主，但由于历史传统、现实情况不同，做法和重点与挪威有差异。江主席指出，民主和人权的概念有其相对性，各国民主和人权的实现方式与其经济、文化、教育水平和历史背景息息相关。中国有 12 亿人口，其中 9 亿在农村，还有 2 亿文盲。中国是发展中国家，目前有 6500 万人生活在贫困线下，条件远没有挪威好。对中国来说，最大的人权是生存权和发展权。江主席还说，世界是丰富多彩的，各国应该有不同的发展模式。我们赞成就人权问题进行平等讨论，通过对话交流经验，增进了解，但反对干涉别国内政。他以自己在中华人民共和国成立前参加争取民主自由运动的经历，说明中国共产党历来重视保护人权，执政后更是不断地探索如何加强国家的民主法制建设。特别是改革开放以来，中国在这方面取得了巨大进步。

　　江主席会见格伦达尔议长时，着重谈涉藏问题。他介绍了西藏近些年来经济、文化、宗教发展情况，驳斥了所谓汉人大量移居西藏、破坏当地文化的谎言。江主席指出，达赖绝不是单纯的宗教人士，他四处活动的真实目的是搞"藏独"。中国中央政府对达赖的政策是一贯的、明确的。只要达赖放弃"西藏独立"的主张，停止从事分裂祖国的活动，中央政府可以就藏人前途问题与他进行协商对话。

　　江主席的话入情入理，得到了挪威领导人的积极回应和尊重。布伦特兰夫人表示，双方就人权问题进行交流，对于增进互相了解是有益的。挪威赞同中国重视人民的生存权和发展权。她说，两国只是在保护个人权利方面还有不同看法，但随着交往逐步增多，双方的立场一定会越来越接近。格伦达尔夫人表示在涉藏问题上，挪威完全尊重中国的主权和领土完整，理解中国政府的涉藏政策。

　　江主席访挪为两国对话开辟了道路。第二年，中挪建立了人权与司法圆桌会议的对话机制。在涉华人权问题上，挪威成为西方国家中最早由对抗转变为对话的国家之一。访问中，江主席出席了挪方陪同团长工商大臣克努德森夫人主持的挪威工商界人士的欢迎会，向他们介绍了中国的经济形势和发展前景，与他们共同探讨在能源、环保和基础设施等领域扩大互利合作的途径。两国政府签署了多项经贸合作协议，挪威决定在上海重开总领馆。此次访问促进了两国经济关系的进一步发展。

江主席访挪期间遇到了反华势力的干扰。江主席对反华骚扰泰然处之。参观访问中，他不时与国王亲切交谈；在去外地的飞机上，与陪同的挪威大企业总裁谈笑风生，讨论庄子哲学；到卑尔根参观著名作曲家格里格故居时，坐到他当年谱曲的钢琴前，弹奏中外名曲；在泛舟峡湾时还即兴吟唱京戏。为了打破挪威舆论的封锁，江泽民主席离开挪威前夕，在陪同访问的挪威工商大臣克努德森夫人安排下，在卑尔根游船上接见了当地记者，用简短的几句话概括了他此行全貌。他说："我这次访问是在友好气氛中进行的。感谢国王、王后的热情接待。与首相、议长进行的会谈会见是有益的。对在工商大臣主持下与挪威经济界的会晤感到高兴。希望中挪友好合作关系不断发展。挪威绮丽风光令人神往。本人能在格里格钢琴上弹奏感到荣幸。"这个简短谈话，配上江主席在卑尔根参观访问的录像在当地电视台播放后，挪威各界反应很好，称赞江主席大度、潇洒、随和。

对于反华骚扰，我作为目击者，想就背景做些说明。那天上午，江主席一行在国王陪同下参观首都海盗博物馆，突然得知有三四十人堵在维格朗雕塑公园门口。江主席的随行部长和我商量后，由我向挪方提出，为安全起见，建议改变计划，不去公园参观。国王办公厅主任请示国王后，回答称国王要亲自陪同前往，主张计划不变。江主席马上拍板同意。公园门口，一名"民运分子"向前冲时，我作为大使，一直紧随江主席身侧，真是捏了一把汗。江主席回到使馆的大厅休息时，对馆员们风趣地说："这个'民运分子'冲过来时，你们朱大使心里比我紧张，我知道他是担了风险的。"然后，江主席又安慰大家说："这种事情算不了什么！我在国内是经过风浪的。而且国王要去，我不去，把国王搁在哪里？！"这席话，使我回想起30多年前，我作为年轻的翻译随同周总理访问几内亚时遇到的类似情景。一次周总理结束访问离首都 150 公里的金迪亚市，准备乘车返回科纳克里时，几内亚礼宾官员提出改乘由捷克人驾驶的苏联老式直升机。我们随行的黄镇副部长和柯华大使从安全考虑，建议仍乘汽车。但对方回答说，杜尔总统将继续陪同周总理同机回首都。总理知道这一情况后，当即拍板同意：客随主便。我记得，我们随行人员当时目送载着两国领导人的直升机上天时，心里确实捏着一把汗。

两国政府和议会部门的交往

几年来两国政府经济、社会部门负责人的互访，以及挪威议会和我国人大有关委员会的接触，不仅交流了经验，也有助于增加相互了解，扩大共识。其中不少活动我也参与了。我们感到，对于挪威的宏观经济调控、议会和新闻监督、收入公正分配，以及社会保障方面的不少经验、做法，可以借鉴，当然不能照搬。同样，我国近几年来在发展经济、改善人民生活，尤其在扶贫、保证低收入人群生活方面采取不少措施，使挪威官员看到，中国政府也注意社会公正；我们在民主法制建设方面的进步，也给他们留下良好印象。

在交流中，挪威方面也看到两国有的情况迥异。1996 年 5 月，我国民政部长多吉才让访挪，介绍中国的基层民主选举，使挪威官员大开眼界。当多吉才让部长向挪威社会事务大臣谈到，中国 400 多万个乡村正在举行民主选举时，挪威大臣马上插话说，我们全国人口才 400 多万，你们建设民主法制确实不容易。多吉才让接着说，在中国一些边远和偏僻地区，文盲还不少，他们连自己名字都不会写，在基层选举时采取一些特殊方式，如在每个村委会候选人背后放置一个碗，由村民向自己满意的人的碗中投豆。对此，在座的挪威官员闻所未闻，感到非常惊奇。挪威负责人权事务的外交国务秘书当场提出，希望派人去中国观摩。后来挪方确曾组团考察我国的基层选举，回来后，对于我国从基层大选开始逐步扩大民主的做法表示称赞。

人权对话与司法交流圆桌会议

从 1995 年开始，中挪司法部门进行多次人员交往。1997 年 3 月，两国首次人权与司法圆桌会议在奥斯陆举行。我国司法部副部长张秀夫率领多位法院院长、著名法学教授出席，对方派相应官员和专家参加，我也列席了会议。由于议题敏感，两国非常重视，讨论中求同存异，效果不错。双方首先各自介绍本国的司法理念、程序和实践，然后举出一些实例加以说明。可以看到，两国在判刑方面确实存在差异：如他们判刑相当轻，没有死刑，对一个杀人犯只判 6 年徒刑；而我国由于各种原因死刑判得较多，但正采取高等法院核审等程序加以控制。当然双方也发现有共同点，如两国对危害国家安全的人都判重刑。我国给一个泄露军事情报的所谓"持不同政见者"判 15 年徒刑；而据挪方介绍，他们有一个外交官向苏联出卖情报，被挪威法院判刑 18 年，比我们重。而且，挪方还告诉我们，他们这个判决遭到欧洲法院否决，但是挪威拒绝这种干预。

双方在会上还交流了各自在司法实践中的一些经验和做法。挪方强调保障个人言论自由的重要性，指出他们早在 1814 年宪法里即就此作出规定。这一条款，在实践中制约了国家权力的滥用。我方表示同意，但指出言论自由也应受法律约束。挪方介绍了他们自 1962 年建立的行政监察专员制度。这些监察专员是议会选定的，他们受理公民对政府机关侵害其合法权益的举报，因为不收费，而且办案效率高，颇受民众欢迎；不过案件主要涉及福利、税收、房地产及环境保护等民事范围，刑事纠纷仍归法院处理。我方谈到了中国民事调解制度，他们听了认为这有助于预防、减少司法纠纷，称赞它是个创造。我感到，这种对话有助于增加了解和互信，减少分歧和矛盾。

朱穆之会长访问挪威

1997 年 6 月，我国已 81 岁高龄的人权研究会会长朱穆之访问挪威，围绕人权问题，直接做挪威公众工作。短短四天里，朱老除会见政府、议会负责人外，与新闻界、诺贝尔和平奖评奖机构、各种非政府组织包括对我们采取敌对态度的"大赦国际"进行广泛接触，还前往挪少数民族萨米人议会参观。他通过记者招待会、演讲会、座谈会和个别交谈，介绍我们的人权、民主状况，介绍中国独特的发展道路，驳斥西方种种谣言。有时也有激烈交锋，但朱老始终坚持摆事实、讲道理，既说成绩，也谈问题，不回避教训，以理服人。我参加了朱老的所有活动，他对各种提问应对自如，论理高屋建瓴，语言风趣犀利，显示出一位"新闻巨擘"的本色。（朱老毕生从事新闻宣传工作，可谓功绩卓著）虽然访问已过去 20 年，但当时他舌战群儒的形象，包括使用的语句和譬喻，仍历历在目。

有一次，一位挪威记者对中国人权状况诸多责难。朱老耐心听完，一开始不做正面回答，却平和地说，这位挪威朋友刚才讲的问题有些是存在的；但大家也要看到中国人权状况正在改善，不能总是"坏消息，好新闻"啊。这句新闻界的术语，顿时引起在场听众的一阵哄笑。接着朱老话锋一转，讲到中国改革开放将近 20 年来的变化。他说，新中国成立后，我们经过 30 年的摸索、曲折，包括"文化大革命"那样的灾难，终于在 1978 年找到了改革开放这条光明大道，实现了国民经济持续高速发展，民主法制建设稳步推进，人民生活不断提高。今天的中国正如大海中行驶的一艘轮船，越过了急浪险滩，终于进入一条相对平稳的航道；在这种情况下忽然有人要求改道，船上的人能同意吗？！讲到这里，下面的听众发出赞叹之声。另一次，朱老谈到西方一些国家不承认发展中国家的生存权、发展权时，用了"饱汉不知饿汉饥"的中国成语做比喻，这种幽默插话也引来不少人的会心颔首。

6 月 10 日，朱老对挪威的工作访问出现一个小高潮，他在诺贝尔学会的礼堂里做了一个题为《和平、发展与人权》的讲演。这个讲话比较全面、深刻地阐明了我国对人权问题的立场和观点，受到与会者的欢迎。我觉得这个讲话对今天对外介绍人权状况仍有参考作用。它的要点如下：（一）世界和平与发展，关乎各国人民的根本利益，也是中国人民最大的要求。研讨中国人权，也离不开这两个最重要的问题。（二）人权包括政治权、经济权、社会文化权，而对中国和许多发展中国家来说，生存权、发展权又是首要的。（三）人权、民主有普遍性，也有特殊性。中国历史上尝试过包括西方多党竞选制在内的多种民主模式，以及"文化大革命"的大民主，都失败了；现在正走上一条适合自己的独特道路，即政治上采用人民代表大会制，经济上实行社会主义市场经济。（四）今天对中国民主法制建设和人权状况的评价应该是三句话：取得伟大成就，还有不少问题，正在努力改善。（五）中国珍视人权，有深厚的民族传统。从2000多年前的四书五经中，即可找到人权、民主思想的萌芽，如《礼记》中所说"天下为公"，"老有所终，壮有所用，幼有所长，矜、寡、孤、独、废、疾者，皆有所养"。一百多年来，又受西方科学、民主思想影响。中国重视维护、促进国际人权。（六）中国历史上有爱好和平的传统，一百多年来又深受外来侵略之害。中国人深爱孔子"己所不欲，勿施于人"这句话，即使强大了，也永不称霸。（七）中挪国情不同，会有不同的人权观、价值观；有人也可能对中国情况不了解，以至误解。希望通过平等对话增进了解，互相借鉴，促进人权。

朱老讲话没有套话和空话，还不时插进一些发人深思、富于哲理的联想。如在谈到中国独特发展道路时，他说，这里是诺贝尔学会礼堂，诺贝尔科学奖金获得者都是人类骄子，他们都做到了似乎不可能做到的事——用新法则代替旧法则。中国改革开放也做了一些人认为违反法则的事。譬如我前面提到的社会主义市场经济，既要根据资本规律发展商品经济，又要坚持社会主义原则，这是过去没有人做过的。我们希望对中国人的探索，如果不予鼓励和支持，至少也不要嘲讽和责难。他的结束语也很幽默，发人深思。他说："我们都是居住在地球上的邻居，各家都有自己的生活习惯和日常爱好，为什么不能互相尊重而非要对方改变呢？让我们做地球上的好邻居吧！"

演讲会的上百位听众都是挪威知名的政界人士和资深的学者、教授，题目又非常敏感，讲演结束时响起长时间的掌声，这在挪威是少见的。一年之后，挪威议会外交委员会主席主动对我称赞朱老的讲话有理论水平，知识性强。他还诙谐地说，这个讲话让他学到不少中国

古代学说，尤其是孔子思想。

挪威各界对中国人权问题态度有积极的变化

除了我主要领导人访挪，在人权和涉藏问题上做工作外，1994 年到 1997 年，挪外交大臣、议长、首相和国王相继访华，他们主要讨论发展两国友好合作关系，同时对我改革开放以来包括人权领域在内各方面的巨大进步有了直接了解。与此同时，两国政府部门交流频繁，司法人权对话不断。我国人权研究会会长朱穆之访挪；西藏各界代表团包括政府官员和学者来挪威，举行座谈，介绍西藏变化。我们还邀请挪威资深记者、汉学家以及诺贝尔委员会负责人访华，了解第一手材料。百闻不如一见，通过这些活动，双方相互了解增加，挪威在中国人权问题上的态度出现积极变化，不少人开始采取比较客观公正的评价。

1996 年 3 月，挪外交大臣戈达尔在议会答辩时一方面表示，挪威要在人权问题上对中国继续保持政治压力；但他认为，中国批准诉讼法，在司法人权领域有了进步，主张通过建设性对话促进中国人权，不赞成对中国实行经济抵制，也不同意采取可能损害中国主权的行动。

有些友好的有识之士，开始起来抵制或反驳某些反华行动。1995 年 6 月，李岚清副总理率政府代表团访挪。正式活动结束后，挪威工商大臣克努德森夫人陪同去她家乡卑尔根参观访问，抵达时遇到反华团体的游行，攻击中国人权状况。当晚，克努德森夫人在卑尔根市一次公众集会上发表讲话，欢迎中国客人访问挪威。她说："挪威是一个 400 万人口的小国，尚且有这么多问题，每天要在议会里争吵；中国是人口众多的大国，情况又复杂，要解决的问题比我们多得多，我们要理解他们，不要老攻击人家。"我听到一些挪威人发出赞赏的笑声，白天的紧张气氛一下为之缓和。

1997 年 7 月初，香港回归还没有几天，世界路德信义宗（基督教）协会在香港召开大会，挪威诺贝尔委员、该协会秘书长斯托塞特出席了会议。斯托塞特是我的朋友，他回国后于 8 月向我介绍了会上围绕中国人权问题发生争论的情况。他说，最后一天讨论决议稿时，有一节谴责中国在司法审判中"滥用权力"，遭到香港、中国和新加坡代表反对，斯托塞特本人也认为对东道主指责是不礼貌的，主张寻求妥协方式。最后因为时间来不及，只能采取不发表决议的下策。会上还有人点名指责中国有损害宗教信仰自由的行为；他表示异议，指出这类问题，不仅中国，包括挪威在内的其他国家也存在，他强调在人权等问题上对中国只能采取平等对话。斯托塞特进一步解释道：他认为像中国那样长期受过西方殖民统治的国家，对外来干涉特别敏感。就拿挪威这样的小国来说，过去瑞典国王讲话教挪威人怎样打井，他们就非常反感。有一些到过中国或在中国工作居住过的挪威政界人士、企业家、汉学家以及传教士的后代，他们了解中国过去和现状，1997年间也出来为中国讲公道话，或写文章介绍中国的实际情况。他们强调，1978 年以来，中国发生根本变化，比过去自由、安全多了；中国愿意进行政治改革，但要循序渐进，把稳定放在第一位；中国愿意学习外国经验，但要由自己作出决定。对中国不能采取抵制的方式；对人权不要用西方标准，而要根据中国的道德准则衡量，中国强调集体利益，等等。这些挪威朋友既了解中国又懂得挪威人的心理，讲话实在，易为挪威人接受。

最后，我想特别谈一下前首相布伦特兰夫人对中国的态度。她是我接触最多、非常敬佩的一位具有战略眼光的挪威领导人，先后当了10 年首相，多次访华，对中国比较了解。她在人权问题上与我们有些不同看法，但一直认为中国人权状况在不断进步。她始终主张同中国发展关系，特别高度评价中国的改革开放。1988 年 1 月，她首次以首相的身份访华，要求会见邓小平。那时邓小平已退居二线，考虑到布伦特兰夫人的国际威望，邓小平破例会见她。会见一开始，发生一个有趣的插曲：邓小平首先自我介绍说，他是一个 84 岁的老人了。但翻译可能由于紧张，把数字颠倒了过来，译成"48"岁，宾主听了都哈哈大笑。这个开怀场面被记者捕捉了下来，这张照片成为令人难忘的珍贵纪念。一落座，布伦特兰夫人开门见山，向邓小平提了一个问题：

"目前中国在国内和国际最需要做的事是什么？"邓小平明确回答："国内进一步改革开放，一心一意搞现代化；国际上争取缓和。"布伦特兰夫人听了高兴地说："中国改革开放，不仅推动挪中关系，也对整个国际关系起了促进作用。"1995年1月，她在奥斯陆提出"亚洲构想"，强调亚洲国家从经济潜力、政治作用和人口角度看，对发展国际经济、维护世界和平，以及解决环保等问题都具有重要作用。她特别提到中国作为常任理事国的特殊地位。布伦特兰夫人是在亚洲使节为她举行的招待会上讲这番话的。在场的许多亚洲使节都认为，布伦特兰夫人主张发展同亚洲国家的关系是有远见的。正是在这种战略构想指导下，经过双方努力，挪中关系出现一个较快发展的时期。

1997年6月，邓小平逝世。布伦特兰夫人当时已辞去首相，在外地家乡写回忆录。她听到这个不幸消息很悲痛，第二天便赶到中国使馆吊唁。她含着泪水激动地对我说，邓小平是她非常敬仰的一位领导人，他提出的改革开放政策，不仅从根本上改变了中国的面貌，而且对整个世界产生了巨大影响。我深感，只要我们坚持改革开放，把国内的事情做好，挪威以及世界上一切有远见的政治家都会对中国作出客观评价的。

中挪在人权问题上的矛盾和斗争将长期存在

但是，根据我多年的观察和研究，我们同挪威在人权问题上的矛盾和斗争将是长期的。除了意识形态等因素，还有其他一些原因：

（一）挪威人朴实，有理想主义，同情弱者，愿意帮助受损害者；但也有闭塞、狭隘一面，如同易卜生剧作创造的人物彼尔·金特那样，存在某种盲目自大的毛病。近些年挪威暴富起来，由于长期推行社会民主主义，民主监督健全，贫富差距又不大，一些人自我感觉更加良好。而挪威的舆论宣传在这方面又起了某种推波助澜的作用。一位华人告诉我，挪威报刊、电视宣传片面，经常向群众灌输，美国富裕、民主、但两极分化；中国经济发展快速，但民主、人权状况不佳；唯有挪威既民主又均富。久而久之，在一部分挪威人中滋长一种"唯我独佳"的思想，出现一股向发展中国家推销本国社会模式的倾向。目前挪威收留着不少亚洲、非洲、拉丁美洲国家的"政治难民"或"持不同政见者"，而且拨款支持他们的活动。

（二）挪威当权者时常把批评包括中国在内的发展中国家的人权问题当作在国内争取群众支持的一张牌。这一点，在大选或政府变动、政党斗争激烈时期表现尤为明显。

（三）挪威与美国存在某种特殊关系。除价值观相同外，挪威在美国有200多万移民，第二次世界大战中得到过美国巨大援助。战后面对苏联威胁，挪威安全上仰赖美国。二战结束以来国际风云变幻较量的几个重大关头，从1949年成立北大西洋公约组织，1950年爆发朝鲜战争，到20世纪80年代末的苏联东欧剧变和国际反华风波，挪威都与美国站在一边。

诺贝尔和平奖及有关涉华问题

诺贝尔和平奖在国际上有一定影响。1989年12月，挪威诺贝尔委员会把和平奖授给达赖后，又多次把一些被我判刑的所谓"持不同政见者"提名列入和平奖候选人名单。我1994年初到挪威工作时，西方一些人积极活动，企图把和平奖授予"民运分子"魏京生。我因此同挪威评奖机构及其成员有过一些交往，对它们的情况有些了解和研究。我愿将自己的见闻，包括和平奖的基本情况、历史变化、评奖机构的内部运作、几次重大分歧、评奖中的涉华情况以及个人对和平奖的看法做些介绍。有些属于历史之谜，如发明用于战争炸药的诺贝尔为什么要设立和平奖；有些是鲜为人知的，如提名和平奖候选人和最终评定的程序；有些是亲历的，如1998年3月"民运分子"魏京生窜到挪威，企图争取和平奖，最终如何落败，等等。

诺贝尔和平奖的基本情况

诺贝尔和平奖与诺贝尔物理、化学、医学、文学其他4种奖一样，是根据瑞典化学家、工程师和实业家诺贝尔的遗嘱设立的，即将其投资在证券的资金组成一笔基金，每年将基金的利息作为奖金授予获奖人。决定自1901年12月10日诺贝尔逝世5周年起正式颁发，每年一次。

和平奖设在挪威，其他四奖设在瑞典。颁奖仪式隆重，两国国王分别出席。和平奖与其他奖不同，除个人外，也可发给机构和组织。

关于诺贝尔奖金数额，按诺贝尔当初的意愿，应相当于一位教授20年的工资。1901年第一次奖金为15万瑞典克朗，符合这个标准。此后，由于克朗贬值以及税收等因素，奖金不断缩水。1991年因为对基金管理有方，投资收益不断增加，奖金约合100万美元，首次超过1901年的实际价值。此后，大体保持这个水准。

关于诺贝尔设立和平奖的宗旨及有关猜测

关于诺贝尔和平奖的宗旨，诺贝尔在遗嘱中说，和平奖"应颁给为国家之间的友好关系、常备军队的废除或削减以及为和平大会的召开做了最多或最好工作的人"。但是诺贝尔到底为什么要设立和平奖始终是个谜。他是武器制造者，依靠发明炸药发了财，同时又是和平奖的创立者，这无疑是一个莫大的讽刺。是不是他意识到自己在1866年发明炸药，把本来安静的岩洞变成了战场呢？他的良心因其巨大财富建立在战争武器上而受到谴责？没有人知道这个矛盾的孤独老人到底在想些什么。

最近有一种说法，认为诺贝尔设立和平奖是希望瑞典和挪威通过和平谈判方式解决挪威取得独立地位问题。19世纪末，挪威处在瑞典统治之下，但挪威要求独立的呼声越来越高，而双方谈判多次处于破裂边缘，一些激进的挪威人喊出"为独立和领土不惜一战"的口号。这令诺贝尔非常担心。他在遗嘱中提出设立和平奖，并决定把颁发地选在挪威，隐含上述和平解决瑞典和挪威争端的希望。这种说法是2008年10月13日中国与俄罗斯和平解决黑瞎子岛归属问题后，瑞典乌普萨拉大学历史教授巴克特曼对我《环球时报》记者提出来的。

和平奖评定的演变

从历史上看，因为对候选人选评价不一，意见分歧，和平奖得主常常定不下来而被空缺，这一点在第二次世界大战前更为明显。从

1901 年以来，和平奖主要颁给了欧洲和北美洲的和平主义者，也给了一些国际名人，如为第一次世界大战停战作出贡献的美国总统威尔逊、世界著名北极探险家挪威人南森。二战后，和平奖在国际上的地位和影响扩大，有维护世界和平、推动国际合作和支持民族解放运动的积极作用。20 世纪 50 年代以来获奖的名人有：为欧洲战后复兴作出贡献的马歇尔将军，联合国秘书长瑞典人哈马舍尔德，美国黑人人权运动领袖马丁·路德·金，非洲民族解放运动领袖曼德拉，对取消南非种族隔离制度作出突出贡献的领导人德克勒克，签订埃以和约、开创中东和平进程的先行者贝京、萨达特。1994 年 12 月，我还有幸出席为推动巴以和解最终献身的阿拉法特、拉宾和此后仍为此继续奋斗的佩雷斯三人的授奖典礼。但另一方面，从 20 世纪 70 年代到 90 年代中期，在西方影响下，和平奖的意识形态色彩日益浓重，出现一种支持西化、分化的倾向。截止到 20 世纪 90 年代初，获奖者有：苏联"持不同政见者"萨哈罗夫、波兰团结工会领袖瓦文萨、世界人权组织"大赦国际"、达赖，缅甸"人权斗士"昂山素季、前苏共总书记戈尔巴乔夫，等等。

评奖机构

诺贝尔和平奖的评奖机构是挪威诺贝尔委员会。它的常设机构设在挪威研究国际问题的学术机构——诺贝尔学会的小楼里。会长伦德斯塔教授是位著名的国际问题专家。因为工作关系，我曾与他有过交往。他工作认真，作风严谨，兼任评委会秘书长，从他那里我了解到评奖的运作情况。

诺贝尔学会的小楼坐落在奥斯陆中心的德拉门大街上，黄色的墙，紧锁着的绿色铁门，显得有点神秘。从小院子进入学会侧门，只见高高的楼梯，考究的水晶灯，始终透着一种安谧和肃静。有一次我到二楼伦德斯塔办公室拜访他，谈话之余，他领我到里间和平奖评委会的会议室参观，每年的和平奖就是在这里敲定的。评委会有五名成员，都是挪威前议员和大学教授，分别来自不同党派，由议会选举产生。这间会议室不大，大约 20 平方米，房间正中摆着一张古朴的原木长桌，桌的四周摆放六把椅子。每把椅子的主人都是固定的，除了分别属于五位评委外，还有一把是留给伦德斯塔教授的。我在挪威期间，担任评委的分别有工党的前首相、前社会主义左翼党副主席、神学院教授，也有历史学家，这五位诺贝尔委员会成员在评审会上有表决权。伦德斯塔负责整理、推荐和平奖候选人的材料，是委员会的秘书长，列席评审会。

据伦德斯塔教授介绍，评奖的程序是这样的：每年 10 月中旬到次年 1 月底，由诺贝尔委员会秘书处从世界各国议员，司法界首脑，大学法律、历史或文学教授提出的和平奖候选人名单中，经过筛选整理出一份 100 名候选人的大名单；2 月初，诺贝尔委员会就这个名单举行第一次评审会，并通过表决确定 12 名候选人的小名单。随后经过多次评审，不断筛选，缩小这个名单，直至 10 月初举行最后一次评审会，决定和平奖得主，并于第二周公布。在评审过程中，必要时可由诺贝尔委员会秘书长邀请一些国际专家介绍候选人情况。据说，整个评审过程是秘密进行的；诺贝尔委员们政治上也是独立的，不受外界影响。

评奖出现过两次分歧事件

由于诺贝尔委员个人的立场观点不同，而且他们不是生活在真空里，而且各国尤其是一些西方国家通过和平奖候选人提名、介绍候选人情况以及媒体宣传等方式施加影响，在评奖过程中有时会出现争执和分歧。对此，挪威诺贝尔委员会主席塞耶斯塔德教授也不否认，他在 2001 年 12 月为纪念诺贝尔和平奖设立 100 周年撰文中写道："授予和平奖旨在寻求政治效益，是一项政治行为：这是评委会的选择经常引起争议的原因之一。"

20 世纪后半期，在评奖问题上发生过两次大的分歧事件。1973 年，评委会决定把和平奖授予美国国务卿基辛格和北越停战谈判代表黎德寿，理由是那一年在巴黎签署了导致越南停战、美军从越南撤走的协议。表决时，两位评委反对这个决定，后因走漏风声而辞职。当时无论挪威国内还是国际，对于基辛格获奖大多持否定态度。公众批评主要是针对美国的越南战争，他们认为虽然基辛格积极推动了美国的撤军和越南的和平，但他作为美国安全事务顾问，与战争的关联要比和平大得多。结果黎德寿拒绝接受和平奖，基辛格也没有来领奖。另一次是 1994 年，评委会决定将当年和平奖同时授予阿拉法特、拉宾和佩雷斯，因为他们参与签署了巴以和解的里程碑文件《奥斯陆协议》。这次也导致一位评委辞职，他是以色列利库德集团的主要代言人，这个人根本反对任何巴以和平进程。

基本坚持国际和平合作的方向，也出现企图遏制、分裂中国的逆流

从 20 世纪 90 年代以来近 20 年间，挪威诺贝尔委员会把和平奖主要授予对世界和平、裁军、国际调解、经济合作，以及保护环境方面作出贡献的国际机构和人士，如"国际排雷组织"，促成东帝汶问题政治解决的贝洛和霍塔，主张和平解决北爱尔兰问题的休姆和特林布尔，"无国界医生组织"，推进朝鲜半岛和平的金大中总统，联合国秘书长安南，致力推动国际和解的美国总统卡特；确保和平利用核能的国际原子能机构及其总干事巴拉迪，帮助穷人创业的孟加拉人尤努斯及其乡村银行，写出"难以忽视的真相"一文、警告世界气候变暖危险的美国副总统戈尔和政府间气候变化委员会主席印度人巴乔里，以及多次调解国际冲突的芬兰前总统阿赫蒂萨里。

在这段时间内，挪威诺贝尔委员会还不顾西方压力和影响，拒绝把和平奖授给反对中国政府的所谓"人权活动分子"。1994 年以来，美国议员多次支持"民运分子"魏京生争取和平奖的活动，但未能得逞。2008 年欧洲议会副议长、英国人斯科特支持被我国判刑的反政府分子胡佳成为和平奖得主，一度呼声很高，最后也落了空，这个奖被评给了前芬兰总统阿赫蒂萨里。

1998年初，我在挪威见证了魏京生争当和平奖得主受挫。是年 3 月，已流亡美国的魏京生为获奖来挪威活动。挪威官员态度审慎。挪外交大臣、人权大臣分别见了他，但公开表示，挪威目前正以建设性对话和接触来促进中国人权，不想与中国对抗。挪威议会外委会主席见他

时，甚至表示中国现在人权状况有了改善，使这个"人权卫士"感到非常没趣，这是这位主席事后告诉我的。更值得注意的是，在魏京生来挪威之前，挪威诺贝尔学会会长伦德斯塔教授发表一篇介绍和平奖评委会内部运作的文章透露，1989年初，达赖开始在和平奖候选人百人大名单中是排在很后的，之所以后来能在内部评审会上一次次提前，直到10月初最终选上，是"与当时中国面临的内外形势分不开的"。这位列席评奖会的知情人所谓的"内外形势"，明显是指苏联东欧剧变、我国内"六·四"风波以及西方对华制裁。看了这篇文章，联系到此次魏京生访挪情况，我当时感到1998年我改革开放取得重大成就，国内稳定，国际威望提高，情况与1989年不可同日而语，估计魏京生想摘取和平奖桂冠已经没有戏了。果然，魏京生自那次灰溜溜离开奥斯陆后再也没有来挪威。

当然不要忘记，西方不会放弃对中国和平演变的图谋，而诺贝尔和平奖是他们实现这个计划，西化、分化中国的一个政治工具。2010年10月8日，为了牵制中国和平崛起，诺贝尔委员会把和平奖授予被我判刑的反政府分子刘晓波。据说，这个人选最后敲定是美国国务卿希拉里出面干预的结果。西方还在活动，企图把和平奖给予"东突"分子热比娅。而上面提到的声名狼藉的魏京生，现在还是美国的座上客，出任"中国海外民主运动联席会议"主席，常驻华盛顿。

在挪威做对外宣传工作的情况和体会

我在挪威工作的一个重要收获是，懂得西方媒体在国际意识形态斗争中的重要作用，学会做一些对外宣传工作。

冲破舆论封锁与限制

我们使馆配合国内进行外宣工作，首先是冲破挪威的舆论封锁与限制，让公众直接听到中国的声音，尤其在人权、民主等问题上。

西方新闻工具影响公众情绪，并在国际反华活动中起推波助澜作用。对于这一点，我是从英国广播公司BBC记者制作的《死亡屋》短片一事中开始有深切的感性认识的。

1995 年《死亡屋》短片的播放在挪威引发了一场斗争。BBC 记者在访华时拍一部"实录"短片，诬蔑我国内一所孤儿院虐待儿童，造成大批儿童死亡，等等。此片被冠以《死亡屋》的名字，在一些国家播出，顿时产生轰动效应，成为当时西方攻击中国"侵犯"人权的一颗炸弹。BBC 记者使用的是移花接木手法：先拍一些孤儿院儿童躺在小床生病、护士在旁边护理的镜头，然后用微型摄像机偷偷摄下院内一间空屋，屋里一边还零乱堆放着一些小床和桌椅，好像是一间临时的仓库。回到英国 BBC 把上述两组镜头拼在一起，旁边配上解释词："由于中国孤儿院虐待儿童，孤儿们病倒，最后大量死亡，人去屋空。"短片就这样被炮制出来了。尽管我们使馆多次交涉，这部反华短片还是在挪威电视台播出了，结果掀起一场轩然大波。不少挪威人对中国表示强烈不满，他们写信或上门指责中国"侵犯人权"。有一对挪威夫妇是我们交往较多的朋友，因为此事整整一年多不理睬我们。西方舆论对公众情绪的影响、误导，不能小视。但是，也有好几位素昧平生的领养中国孤儿的挪威人站出来为中国讲公道话，指出他们亲眼所见，中国孤儿院是善待儿童的，他们领养的中国儿童身心健康，这部短片所述非实，是诬蔑中国。在挪威公众压力下，挪威电台只能播发我们使馆就此发表的辟谣声明。其中，我们揭露 BBC 的造谣手法，简要介绍了中国改善人民生活尤其是重视妇幼保健事业的情况，还特别指出，1949 年中华人民共和国成立前中国人平均寿命仅仅 36 岁，而1994 年增至 71 岁。挪威公众难得直接听到中国声音，反应不错。

挪威媒体的政治倾向鲜明，价值观很强，主要宣传西方的民主和自由，可谓舆论一律。除对我们经济发展迅速有些客观报道外，所载中国消息和评论几乎都来自西方大国媒体，多数是消极的，不少甚至是歪曲的，主要内容是指责中国政治制度"不民主"、"人权"状况不佳，以及死刑多、经济腐败，等等。挪威一些人对中国的误解甚至偏见，确实同西方媒体长期宣传有关。

报刊上难见几篇反映中国观点的文章和谈话

挪威新闻部门有个不成文的规定：挪威传媒不发表中国方面提供的正面宣传材料，包括领导人讲话和政府声明，唯一允许刊载的是使馆草拟的辟谣声明、答辩文章。为了打破挪方对我们的新闻封锁与限制，我们积极利用这种合法渠道，3年里撰写六七篇这样的稿子，多半被发表。除了上面提到的关于《死亡屋》的使馆声明外，有一篇较有影响的是我使馆发言人关于香港回归后政治法律制度不变的谈话。1997年6、7月间香港回归前后，挪威报刊大量散布中国要废除香港原有法律，破坏民主、自由等猜测。我们撰写了一篇使馆发言人的谈话，阐述香港回归后，我们在港实行"一国两制""港人治港"，香港原有法律不变。这篇谈话经交涉在挪威报刊发表，澄清了是非，产生了较好效果。但是我馆反驳挪威报刊散布"中国威胁论"的文章，尽管有论有据，因为政治性太强，虽经使馆多次交涉，挪方仍拒绝刊登。

还有一次挪威媒体上围绕中国人权和民主问题展开讨论，我在讨论告一段落后就此写了一篇分析文章，寄给有关报馆，相当一段时间没有下文。后来，据说挪威一位有正义感的记者读了这篇文章，认为内容客观说理，文字质朴简练，在他举荐下，辗转月余，在删去其中"中国民主制度特点"一节后，终于全文刊出，读者反响良好。一位挪威诺贝尔委员还写信给我，表扬这篇文章，认为它有助于挪威公众了解中国。

唯有一次——1994年9月我在一次记者招待会上介绍中国经济形势的谈话，是挪威报刊主动刊载的。在这个谈话中，我列举了中国改革开放以来各项建设成就，也指出目前还存在贫富差距拉大、工人下岗和官员腐败等问题。几天后，出席我记者招待会的挪威《经济日报》记者几乎全文把我的谈话刊登在她的报纸上，给了我们一个意外。这位记者我过去不认识，后来她对我说：一位大使介绍本国情况，讲成绩，也摆问题，不多见，有可信性。

在挪威与新闻界打交道的4年经历使我对西方"新闻自由"的本

质有了进一步认识，感到在那里进行限制、反限制斗争确非易事，但也不是无所作为。

外交人员口头宣传是增信释疑的好方式

使馆各级外交官主动与挪威各界朋友广泛接触，口头介绍中国真实情况，是我馆对外宣传的另一种途径。因为口头宣传可以直接沟通，又有交流，而且根据不同对象，谈话有深有浅，其增信释疑效果不亚于在挪威传媒上发表我们的文章。

做好对外宣传，重要是要了解自己的宣传对象。挪威人的特点是同他们的国情分不开的。通过直接交往，包括一些交锋，我们有了更加具体的了解。挪威封建社会影响不大，1814 年就建立议会制，人民长期受过民主训练。挪威人对本国发展模式有优越感，容易以自己的标准衡量他国，加上长期受舆论宣传影响，对中国尤其在人权和民主方面，确实存在一些误解与隔阂。但挪威人朴实，喜欢用事实说话，过去长期受过外国统治，爱打抱不平。与他们讨论问题，有时会发生争论，他们一旦了解实际情况后，对中国会产生理解以至同情。这里，应了中国一句老话：不打不相识。根据以上特点，我们对外宣传更要注意讲实话，有耐心。

结合双方实际进行宣传 取得较好效果

我们有些外交官在对外宣传中效果比较好。如使馆一位一等秘书，年轻时在挪威留过学，与挪威人交往甚广，了解他们的特点和心理，他用对比的方法进行对外宣传。例如他对当地人说，中国人口多，是挪威的 300 倍，底子薄，情况和文化传统又不同，不能拿你们的尺度来衡量、要求中国。这样说法，对方容易接受。这位一秘的经验对大家很有启发，也值得我学习。

我利用大使的身份与政府高官、议员、企业家、新闻记者、汉学家、挪中友好协会负责人在内的各界人士广泛接触，采取个别交谈、座谈，以及报告会等多种形式介绍中国。

　　我根据国内精神，结合挪威的实际情况和挪威人的特点以及个人的体会，主要有针对性地讲以下几点：（一）中国是个文明古国，长期受封建统治，1840 年以后又受到帝国主义侵略。近半个世纪来发生两次伟大的转折，一次是 1949 年新中国成立，中国人民站起来了；另一次是 1978 年改革开放，加速现代化，人民生活改善，民主法制建设取得巨大进步。（二）中国仍是发展中国家，人多、国大、情况复杂。在建设道路上走过弯路，发生过"文化大革命"那样的灾难，目前仍存在不少困难和问题，现代化尚需相当长时间。（三）中国经过不断探索找到了有自己特色的社会主义道路，包括独特的经济模式和政治制度，适合中国国情。中国发展前途是光明的。（四）中国对外主张和平、发展与合作。挪威的经济管理、分配制度、社会保障和民主监督等一些治国经验和做法值得我们借鉴；但两国情况迥异，我们不能照搬挪威模式。

　　挪威人听了不一定都同意我们的观点，但觉得我讲的话实在、平和又有深度。我的体会是，实事求是介绍中国发生的变化、存在的问题、独特的道路，讲我亲身经历的事情，谈自己经过长期学习、思考形成的信念，容易取得对方的理解、同情和尊重，从而有助于双方的了解和接近。我和同事们在对外宣传中不仅介绍了中国，还交了不少挪威朋友，尝到了甜头。但与做任何事情一样，在对外宣传工作中我也遇到过波折。

由于缺乏经验，工作中有波折

　　对外宣传工作，一定意义上是与西方争夺公众的涉外斗争，不可能都一帆风顺，会遇到风浪、波折。1998 年 4 月，我举行离任前最后一次记者招待会。在我介绍国内改革开放情况后，一位挪威记者突然向我提出一个问题："被中国假释、现在流亡美国的'人权卫士'魏京生如果将来回国，你们会如何处置？"他显然是有备而来的。我未及思考简单回答："按法律程序办理。"第二天挪威报纸就此发表报道，对我的话进行篡改、歪曲，大标题是"中国大使声称，如魏京生回国，将予逮捕"，旁边还附上我一张脸色严肃的照片。有的挪威人看了不满，给使馆写信，附上有关剪报，并在我的头像上划个"×"。我个人受到人身攻击事小，国家声誉受到损失事大。我馆要求报纸澄清更正，开始他们推托，后来我亲自给报纸编辑打电话，指出："魏京生是假释的，保释期间刑期照算，如魏回国时刑期已满，则可不再关押，否则将继续服刑。"接着我要求该报做如下更正："中国是个法治国家，中国大使对记者的回答是：魏是假释的，如回国，将按法律程序处理。从未说过逮捕之类的话。"对方只能照办。这件事情表明，对外宣传确实是外交斗争的一部分，非常复杂。外交官要随时提防外国记者可能设下的陷阱，对于他们挑衅性的问题或提出的可能引起争议的敏感题目有时可以不予置理或避而不答。

写到这里，我想起 20 世纪 50 年代中期，周总理在回答外国记者提问时采取的审慎态度。记得那次大概是 1956 年周总理访问东南亚经过新德里时，在机场有位西方记者向周总理提出几个问题，总理都做了回答；但当记者问及中国如何看待印巴克什米尔争端时，考虑到印巴关系的复杂敏感性，总理答复"对这个问题，我没有研究"，把他有礼貌地巧妙挡了回去。那位挪威记者对我发难虽已过去十多年，但这个教训我不会忘记。它使我懂得：作为高级外交官要学会机敏应对外国传媒种种寻衅的本领，还应尽可能掌握各方面更多知识包括法律知识，才能使自己处于主动地位。

小国兴起对我国"四化"建设的启示

中挪经济技术合作取得重大进展

我在挪威亲历了西方与我国在政治和思想意识领域里尖锐复杂的斗争，但同时也经历了两国增进了解、加强合作，尤其是经济贸易关系发展比较快的时期。特别是根据经济外交的要求，我们把引进挪威的资金和技术、借鉴其各方面的管理经验、学习一切对我国四化有益的东西放到自己工作的重要地位。

我是 20 世纪 90 年代中期去挪威赴任的。当时中国正积极推行改革开放；而挪威自全民公决否决加入欧洲联盟后，于 1995 年初提出"亚洲构想"。双方都把发展对外经济贸易关系放在突出的位置，两国友好合作关系进入了新的发展阶段。从 1994 年到 1998 年，两国主要领导人实现了互访：除江主席外，我国领导人李瑞环、李岚清、钱其琛、宋健、邹家华、乔石也先后来挪威；挪方除国王外，外交大臣、议长、首相也相继访华。双方领导人访问时都有大批企业家随行。这期间，两国经济合作有较大增长。到 1997 年底，挪威在华直接投资企业已有 54 家，协议金额 1.5 亿美元。挪威给我混合贷款 51 个项目，金额 1.9 亿美元。1997 年两国贸易额达 11 亿美元。双方合作领域涉及采油、航运、造船、化工、水电、环保、通讯等领域。

我国对挪威的经济建设和社会管理经验比较重视。1992 年 12 月朱镕基副总理访问挪威，认为挪威宏观调控方面的经验值得借鉴，并与挪方达成交流协议。此后，我计划、财经、金融、科技、环保、社保、工会、人事、教育以及司法、监察等部门的高级（副部长以上）代表团不断来挪威考察，我参与所有的活动，获得不少第一手材料。在国内重视经济外交的推动和影响下，我注意学习经济知识，研究挪威的经济管理、环境保护和社会建设，对这些方面有了进一步的了解和认识。

中国的建设要走自己的道路，但外国好的做法也可以参考。前些年"大国崛起"的文章在国内引起积极反响，认为这些大国的历史经验对中国当前的发展有借鉴作用。我回国退休已经近 20 年，但一直关心挪威的发展，当年对挪威的见闻与思考一直萦绕心间。现在我国改革开放已走过近 40 年的历程，建设中国特色社会主义正进入更加深入的阶段。我觉得，挪威长期推行社会民主主义，这个小国近 30 多年的兴起，其建设经验包括某些教训在今天对我们都有一定现实意义。如它推行国有企业占主导地位的混合经济，实行国家宏观调控，转变经济发展模式，科学管理国有企业和巨额外汇储备，重视治理自然环境，公正分配社会财富，以及协调工人和企业家的矛盾等方面的举措，对我们会有所启示；同时它在社会保障中的高福利、平均主义，也可引以为戒。

小国兴起，资源加管理等于财富

挪威是一个 400 多万人口的小国。上世纪初，是欧洲经济比较落后、以农业为主的国家，人称"欧洲的农村"。1970 年初发现海底石油，经过 20 多年发展，到 20 世纪 90 年代中期已成为排在世界前位的富国。1996 年人均产值三万六千美元，排在世界前十位。2005 年生产总值近 3 千亿美元，人均六万五千美元，在国际上名列前茅。同时它的竞争力之高，也跻入前列。

挪威这个小国为什么在不长时间内兴起，取得这样骄人成绩？当然有客观条件：除人少外，最重要的是自然资源丰富。挪威濒海多山，拥有丰富的石油、水力（瀑布）、森林、渔业资源和数不尽的金属矿藏，得天独厚。有人调侃说，是东面的瑞典把挪威人赶到山上、海边的，现在挪威却因祸得福了！当然这是挖苦人的，实际情况是，早在公元前八千年上古时期，挪威人的祖先——勇敢的维京人就从欧洲大陆移居到这片濒海的穷乡僻壤，而瑞典统治挪威则是 1814 年才发生的事情。

但其兴起主要还是依靠挪威人的主观努力。他们没有躺在大自然恩赐上，而是通过科学管理和刻苦劳动，把这些恩赐变成多方面、高科技、高价值的经济实体。1996 年 9 月 17 日挪威首相布伦特兰夫人在奥斯陆王宫举行使节招待会，她在会上发表讲话，谈到挪威建设经验时说："挪威拥有丰富的自然资源，然而如无科学管理，今日也不会成为富国。故唯有资源加上管理，才等于财富。"我和其他使节都为她的精辟分析所折服，尤其是一些非洲国家使节更是深有感触。

经济管理科学、细致，有独到之处

我感到布伦特兰夫人关于资源加管理等于财富的至理名言是建立在实践基础上的。挪威在经济管理方面以下六条经验和做法，值得研究、重视。

（一）从本国条件和资源情况出发，吸收外资，引进先进技术，并有所创造，有选择、有重点地发展有自己特色的实体经济。目前挪威的海上采油、海运、造船、水力发电、捕鱼、电气、冶金、化工、造纸等行业都很发达，居世界领先地位。作为人力、财力有限的小国，挪威这样做尤为明智。当然，挪威在一些传统领域是有工业基础的，如早在 1848 年，挪威就制造出第一台水力涡轮机。但在近几十年能进入工业国前列，主要得益于它较快转入一种由技术进步和效益提高带动增长的模式。我们与挪威这些特长部门有合作，了解一些具体情况。

海上采油。1969 年底，挪威北海大陆架发现油田。当时估算储量为 50 亿吨，能开采 50 年；天然气更丰富，储量为 2 万亿立方米，可开采 100 年。20 世纪 70 年代，挪威通过吸收美英等资本，引进先进技术，开采油田，同时不断开发、创造新技术。现在挪威不仅能建造各种平台，而且有不少专利技术，如向储油层注水，延长生产时间；打深井，从 20 世纪 80 年代初的 350 米，到现在的 1200 米，并正向 2000 米进发。目前，挪威年产油 1.8 亿吨，90% 以上出口，在世界居第二位，仅次于沙特。我陪同国内代表团坐直升机去参观过挪威设计制造的海上钻井大平台。一个平台有技师、工人 200 人，设备技术先进，年产油 1500 万吨，等于半个大庆。他们住单人宿舍，生活设施齐备，还有篮球场，每周轮流一次回大陆休息。挪威对我国友好，曾向我国介绍当年与外资合作采油的经验，包括提供合资的文本条款。挪威还帮助我们在南海建设小型钻井平台。

石油生产在挪威经济中居重要地位，原油和设备出口占挪产值的 13%，出口收入的 33%。

海运、造船业。挪威海岸线长，有 21000 公里，有 1000 多年的航海传统。公元 8 世纪末开始，挪威人的祖先——维京人驾驶先进的格克萨得船驰骋海上，进行海盗活动达 270 年。直到近代，挪威航行业仍居世界前列。20 世纪末，挪威拥有的远洋船队居世界第三位，有总载重吨位为 2900 万吨的 900 多艘在挪威注册、挂挪威国旗的船舶，往返于世界各大洋之间；还有总载重吨位达 1250 万吨的 370 条挪威船在外国旗下登记，它们为挪威船主带来滚滚财源。2004 年挪威拥有

4300 万载重吨的商船队，名列世界第五，营业额 74 亿美元。

挪威的造船业很发达，主要生产特种船，如液化天然气运输船、快速双体客轮等。它生产的船舶设备从甲板绞车到电子系统，也很先进，出口满足世界 10% 的需求。挪威航海设备、技术的精良可以举例为证。2000 年 8 月，俄罗斯库尔斯克号核潜艇突然爆炸沉没海底，俄方尽最大努力仍无法进入船舱抢救，艇内氧气殆尽；在危急时刻，应召来救援的挪威潜水员一到，用特种切割机很快打开船门，全体人员获救。

挪威船级社在国际上享有相当高的声誉，负责给下海的商船和石油平台发许可证，行话叫"入级"。它为了保证航运安全，要求十分严格，不仅新船的设备技术要先进，而且船队人员的管理和素质也要达标。目前它为全球 15% 的商船办理"入级"。它在全世界 120 个国家和地区享有检验船舶的特许，有雇员 3470 人，在中国北京、上海、大连都设有办事处。20 世纪 90 年代中，挪威船级社总裁尤乐林多次陪同我国家领导人参观它的总部，其科学管理和先进设备都给我们留下深刻印象。例如，它有一套设备，可以很快测出远处船只出事的具体原因。

两国在造船、航运方面有不少合作。我国是造船大国，劳动力便宜，挪 17% 的新船船身由我建造；我们则从挪威进口一些先进的船用设备，包括导航系统等。挪威还提供双体客轮，与我合资经营内河航行。

水电业。挪威多山，拥有欧洲全部水坝资源的一半以上。可开发的水力资源为 3100 万千瓦，已建成 1000 多个水电站，开发程度为 90% 以上。2006 年水力发电量达到 1264 亿度，人均 2.8 万度，居世界之首，为中国人均的 10 多倍。挪威利用清洁又廉价的水电发展冶金业，如铝、镁合金，生产化工产品和纸浆，对挪威经济繁荣起了重要作用。

1997 年 5 月，邹家华副总理访挪，为长江三峡水电站选定涡轮发电机，同时寻求扩大两国水电领域的合作。通过陪同邹副总理访问，

我对挪威水电业有了进一步了解，还听到挪威通过海底与西欧进行电力交易的趣闻。

挪威的涡轮发电技术及其地下电站的设计和施工，都处于世界领先地位，擅长在山间建立水电站、打隧道。挪威有 3500 公里的水力发电隧道穿越在挪威的莽莽群山。有一次，我们穿越挪威滨海一条长 25 公里的隧道，汽车要开 20 分钟，据说当时是世界上最长的隧道。邹副总理实地考察了克瓦纳公司生产的涡轮机，价格高一点，但质量好，又适合高坝使用，决定为三峡定购三套。迄今挪威参加了我国西南几省的多个水电项目，包括二滩水电站，总装机容量达 2500 万千瓦。

挪威的水电工程师在陪同邹副总理访问中，谈到了挪威与西欧国家海底交换电力的故事。他说，全世界有 1700 条海底电缆，其中 1300 条是挪威为向西欧输电铺设的。白天挪威通过电缆向西欧输送水电，使西欧不用火电，减少污染；夜间西欧以低价把多余电力卖给挪威，使挪威国内的水电厂以最低水平继续运转，保证其坝中的水得到补充，从而达到两利目的。

捕鱼业。挪威有很长的锯齿形海岸线，适合发展海产养殖业。20 世纪 70 年代开始，他们采用网箱技术养鱼。1996 年养殖的三文鱼产量达到 29 万吨，大约占世界产量的一半。挪威拖网渔船广泛使用各种海洋监视系统，可以自动分离幼鱼，确认不同鱼种，做到科学捕鱼。有一次，挪威外交部还组织使团参观刚从海上打鱼归来的渔船。我们看到船上有一套半自动化设备。鱼一打上来，采取流水作业切割、加冰、包装，到岸即可直接运送国内外市场。挪威近海无污染，网箱饲养的三文鱼鲜美可口，世界闻名。听说，日本沿海也产三文鱼，但有寄生虫，他们大量从挪威进口三文鱼以供生吃。我们曾派考察团了解挪威先进的海洋捕捞和网箱饲养业。

（二）挪威不满足于以自然条件和自然资源为基础发展本国经济，为避免过分依赖石油资源，近年来通过政策导向大力发展知识经济。挪威鼓励公司重视研发活动，并与外国公司合作，促进了挪威在新技术领域包括软件开发、通信技术、空间产业、工程以及生物技术的发展。

其中信息产业发展尤为快速，包括发达的陆地站，纤维光学、电缆网络和数字传输都非常完备。它的高科技产品，如影像会议系统、多媒体投影仪、数字式无线电传输器等，已成为国际公认的高质量产品。特别是太空导航技术的发展相当惊人。挪威克瓦纳公司设计制造的海上平台座船和控制系统中心，与美俄合作，准备把气象卫星射向太空。美国海军购买了挪威公司开发的最新一代企鹅反舰导弹，装备舰上直升机。

挪威传统工业也正走向高科技和国际化。挪威在一些领域技术先进，为世界设计、建设并经营"总承包"工程设备。这些项目包括石油钻井及炼油厂、特种船、水电站、电子通讯中心以及港口、桥梁和海产品加工等。目前挪威 45% 的产品和服务直销国外。挪威不少大公司在国内保留少数科研和管理机构，而大量生产、经营业务都放到世界各地的子公司。挪威公司逐渐把更多资金投向国外，利用当地廉价的劳动力，并使产品接近市场。1996 年，挪威公司直接对外投资为41 亿美元，在子公司工作的员工达 4 万多人。

挪威有 10 多家国际著名的公司。如国家石油公司，2002 年营业额为 2441 亿克朗，雇员 1 万人，在 25 个国家和地区经营业务。黑德鲁公司经营化工、石油业务，2002 年营业额 1629 亿克朗，雇员三万八千多人；GE 水电公司，年营业额 1300 多亿克朗，员工达两万九千人，在全球有 21 个生产中心、58 个服务中心和 130 个工程服务处；太诺公司，营业额 100 多亿克朗，90% 以上为海外业务，职员8 千人；挪拉通信公司，职工一万五千多人，在 26 个国家设办事处。我们同这些公司都有业务往来。进入 21 世纪，挪威大公司的国际化又有快速增长。2006 年底，挪威组建了全球海上最大的油气公司，股票市价约合 1000 亿美元。

（三）重视发展中小型企业。挪 79% 的企业雇员不到 20 人，但创造了 40% 以上的工业产值。这些企业主要分布在各郡（省）市和乡镇，有利于解决当地居民的就业问题，且便于经济多样化，也可防止城市的无序扩大。此外，这类企业管理开支小，作为大企业的二级供应商，

效益好，也能经受经济周期变化。

（四）把宏观调控放在首位，使经济保持持续低速协调发展。从政府干预，发挥价格、税收和金融调节功能，到企业现代化管理，挪威的宏观调控已形成一个有机的系统。我国财政、金融部门来挪威进行多次考察。在此介绍一下它调节生产和消费的劳资协商机制。

挪威有过通货膨胀的教训。20世纪70年代发现石油，挪威暴富。80年代，政府增加开支，在改善人民生活方面步子太急，工资大幅度提高，消费过多，同时建设摊子也铺得太大，远远超过国库承受能力，发生恶性通货膨胀，物价上涨，产品对外竞争力下降，工人失业，社会一度出现危机。从90年代开始，政府吸取教训，重视经济宏观调控，采取许多措施，其中一项就是每年由政府出面主持、举行三方面（政府、雇主、工会）协商会议，有时首相亲自出席。有一年年初，我从电视里看到布伦特兰夫人主持这样的会议。会议参照当年经济预期增长率（一般2%—3%）和物价可能的涨幅（1%多一点），经过反复磋商以至争议，确定本年度工资上调比例（低于生产增长，高于物价上涨）。听说有时会上争论激烈，会外工会组织罢工，向雇主施压。最后三方达成妥协，找到当年生产和消费的平衡点，从而保证经济持续、低速、协调发展。90年代以来，挪连续多年实现三低：低速（2%—3%）、低膨胀（1%—3%，在发达国家中是最低的）和低失业（3%）。这样由政府出面调解工人和雇主之间的分歧和矛盾，不仅有利于经济平衡，也有助于社会和谐。

（五）对国有企业实行现代化管理。挪威国有经济占有重要地位。从20世纪20年代工党执政后，挪威对国民经济实行社会化管理，逐步创造了比较成熟的企业现代化管理的经验。我国从20世纪70年代开始，对国有经济进行改革，曾向挪威、德国等欧洲国家派出考察团，学习它们的经验。据了解，从80年代开始，应挪威工商联的邀请，我国每年轮流派国有企业的老总到挪威考察，其中前副总理吴仪当时作为北京东方红炼油厂厂长也去过挪威。这种做法一直延续到我任上——90年代中期。

老总们告诉我，他们认为挪威企业管理制度中有三条值得我们借鉴，但不易做到：第一，国有企业真正自主经营，政府不干预它们的日常事务。企业经营大权（包括生产、销售、人事等）全部由董事会委任的、以总经理为首的经理委员会负责。董事会 1/3 由本企业职工选举产生，2/3 由政府主管部门提名，政府官员不得进入董事会。政府职能主要是：制定政策，通过董事会间接管理，撤换经营状况不佳的董事会。第二，用人制度合理，管理人员素质较高。对董事会和经理会成员的任用，不拘一格，不囿于资历，不限于本企业，只要精通专业，又有实践经验，善于管理，均在选拔之列。我前面提到的陪同江主席参观的挪威国企负责人尤乐林，是一位技术专家，瑞典裔，但由于有战略眼光、开放、务实，被政府任命为挪威重要国企——船级社总裁。1995 年 3 月，国务院一位资深的高级官员专门来挪威考察经济管理。对他印象最深的是，挪威任命内行人管理国企，每年由国际评估公司评估其效益，如不合格就撤换负责人。他临走时感叹地说，国内对国企改革争论热烈，有的认为非改变所有制不可；看了挪威情况，感到只要能任人唯贤，不一定要改变所有制，也能把国企办好。第三，议会进行有效监督。这种监督体现在两个方面：宏观上，由议会审批政府提出的国企预算，制定管理企业的法规，如企业的破产法、补贴法等。微观上，议会下属独立的审计署，检查国企预算、拨款使用情况，以堵塞挪用或浪费漏洞。我不是经济专家，但对我们国企情况比较关心，知道存在一些问题，有的相当严重。我们有关主管部门可以联系我国具体实际，研究挪威在这方面的成功经验。

（六）精打细算，未雨绸缪，科学经管巨额外汇储备。挪威石油收入巨大，从 1990 年起，政府每年从石油收入中节省一部分石油美元，购买外国期票和债券，建立石油基金。经过 19 年，这笔基金不断增值，至 2009 年，连本带息累计折合美元达 4150 亿美元，成为目前世界上最大的养老基金。挪威当年建立这个基金是非常有远见的，其出发点是：1. 将国家财富从地下的石油转变为多元化的金融资产。2. 作为政府的预算缓冲，帮助政府平抑短期石油收入波动对经济的影响。3. 更重要的是，应对后石油时代对养老和全面社会保障的挑战，以及其他不测。我在挪威看到，挪威全面社保开支大，老龄化又加重财政负担，石油资源据说到 21 世纪 30 年代初可能枯竭；而挪威耕地少，食品需进口，这笔基金是为将来石油后或遇世界粮荒需要时做补贴之用。挪威人这种为子孙后代未来的长远考虑，多想不测的忧患意识，难能可贵。

挪威的外汇储备数额非常巨大，而且事关国计民生，子孙后代。在国际金融动荡多变的情况下，为保证收益，1996 年 1 月，议会决定成立专门机构——挪威银行投资管理公司（NBIM）来经管这笔基金。他们采取两种经营形式：第一种是货币交易，分配在欧元、美元、英镑和日元资产上。第二种是通过固定收益工具（占 60%）和股票（占 40%）进行投资，重点放在欧洲，占一半以上；其次为美、澳、日以及新加坡、中国香港、中国台湾、巴西、南非等新兴市场，涵盖 42 个国家和地区，涉及 31 种货币，而且根据行情经常变动转换。挪威这种金融管理多元化，灵活、均衡的方针，收到较好效益。2004 年统计，它的外汇投资年回报率为 8.9%。在当前这场金融危机中，截至 2008 年 10 月底，由于外国期票和债券缩水，挪威大约损失 162 亿美元。不过由于有强大实体经济，挪威还可以挺过去。最近它还宣布向冰岛提供 5 亿欧元救市。

挪威这一北欧小国之所以能长期保持低速、持续、协调发展，经过 30 年努力成为世界名列前茅的富国，除了在经济管理上采取上述多项战略性政策、措施外，还因为它比较早注意抓环境问题，处理人与自然的关系，同时也与它在解决社会公正问题上作出重大努力、政局长期稳定分不开的。

环境治理好，有利于经济可持续发展

青山、绿水、蓝天以及清新的空气，这是给每个到过挪威的人都留下的美好印象。挪威全国森林覆盖率为 37%，奥斯陆市达到 65%。它连续 6 年被联合国开发计划署评选为全球最宜居国家之一，是当之无愧的。之所以如此，有客观条件，譬如挪威水力资源丰富，能源

99%依靠水电，无污染，人口又少。然而更重要的是挪威人的主观努力。

首先是挪政府的重视，提倡和实行一系列政策措施。挪威注意保护生态环境是比较早的。1940年全国开始大规模造林，1950年起对海洋捕捞采取休养生息、恢复渔场的措施。从1960年起就治理企业污染，企业在环保方面进行大量投资，清洁水和气的生产设备和技术很早就在世界上居于领先地位。1974年布伦特兰夫人担任环保大臣后，更加重视保护环境工作，取得了举世瞩目的成绩。21世纪后实行知识采油，保护海底油田。普遍使用法律保护环境，如制订保护森林法，规定伐树要申请并补种。用提高家用汽车进口税和减少无铅汽油使用税来控制交通污染。

其次是靠群众的支持和监督。公园里看到不少人遛狗，他们都随身带一个小塑料口袋，狗一拉屎，就拣起丢在垃圾桶里。这在挪威已司空见惯，但在北京我仅见过极个别人这样做。在奥斯陆几乎听不到车子按喇叭，噪声很小。有一次，我们使馆的一位秘书在一个公寓区里等人按了一下喇叭，霎时楼上几乎家家都伸出头来观望，一位老太太还下楼告诫他"喇叭只有遇险或可能出现意外时才能按"，使这位秘书深感羞愧。在挪威公路旁偏僻郊野的小公厕里，肥皂、手纸总是齐全，供旅行的人使用。每遇见此情，我都深有感慨。有一次，我们从外地驱车返回奥斯陆，到达郊区时，忽然前面车辆缓缓停驶，及至近前，看到一只小鹿悠闲地正穿越公路。这一幕使人看到，挪威人保护生态环境及野生动物的意识是多么好啊！有一回，我从报纸上看到，挪威北方一个市镇就是否要建造一座天然气发电站进行公民投票，结果因多数人担心污染环境被否决了。

挪威还重视全球环境问题的治理。20世纪70年代开始，来自西南方向欧洲国家的工业污染所导致的酸雨对挪威树木、鱼类生长造成严重危害，特别是北方邻国核污染和核泄漏的直接威胁一直困扰着挪威人的心。这一切使挪威人看到，治理环境必须全球采取行动。1983年12月，布伦特兰夫人出任联合国环境和发展委员会主席，负责处理世界的环境问题。经过三年多努力，这个委员会向联大递交了一份

《我们共同的未来》的工作报告，提出解决全球环境问题的一些根本性指导方针和原则。90 年代初，布伦特兰夫人担任挪威首相后，积极推动与各国尤其是发展中国家的环境合作。

我任职期间，亲历了她对挪威与中国这个领域合作的关心，令人感动。1995 年 11 月，布伦特兰夫人在访华时同我领导人会谈中提出："中国正在进行大规模现代化，环保问题应当早抓、抓紧。一些工业化国家对这一问题抓晚了，不仅环境遭到污染，而且整治花费的钱要更多。希望中国注意这个教训。"我领导人对布伦特兰夫人的忠告十分赞赏。在布伦特兰夫人的支持下，挪政府向中国提供了用于环境项目相当可观的赠款和优惠贷款。挪威公司参与了北京、上海、河北、广东、福建、贵州、辽宁、云南等不少城市的污水处理、大气监测、古城保护等项目。挪威还派专家培训我企业实行"清洁生产战略"，不仅减少了 80%COD（有机污染）排放，而且节省大量资金。我高兴地看到，随着新世纪的来临，两国在这个领域的合作又有了新的进展。2003—2004 年达成的重要项目有：完善中国酸雨监测系统、建立南森—竺（可桢）国际中心，研究中国气候变化、促进中国再生能源，包括

1997 年，朱应鹿大使夫妇在挪威农村留影

在内蒙建立风力发电园、向改造遵义工业老城项目捐助 700 万克朗，主要用于发展清洁生产等。

但是，挪威在治理环境方面仍存在一些问题和挑战。除了周围国家污染影响外，还有首都汽车尾气严重超量。奥斯陆市 50 万人，各种机动车 20 万辆，尾气严重超出大气污染规定水平的 40%。20 世纪 90 年代中，奥斯陆开始一项新的试验——建立汽车合作社。其具体做法是：每百户市民，合作社配备五六十辆汽车，入社的人凭社员证到附近租车点（奥斯陆有 5 个）租车用。租费比乘出租车便宜得多，开支比自备车少，而且方便，不用自己维修、保养，更重要的是有助于减少城市汽车拥有量，减轻污染。据说，此举得到政府的支持和群众的欢迎。前驻华大使豪维克夫妇回国后，卖掉了家里汽车，也加入了汽车合作社。挪威还有一件麻烦事——宠物太多。首都养了 10 万只（狗或猫），平均 5 个人一只；另有 1.3 万只流浪猫。我们大使官邸在奥斯陆富人区也经常看到野猫乱窜，真是每家都有一本难念的经。

社会建设，注意民生、公正，有利于和谐、稳定

挪威长期推行社会民主主义，较好地解决公正分配问题，社会和谐，政局相对稳定。但是也存在平均主义、福利太多、效率不高等弊端。

挪威工党成立于 1887 年。其前身工人联合会参加过马克思领导的工人运动。后该党参加过第三国际，20 世纪 20 年代后期宣布退出，并放弃"无产阶级专政"，但仍表示要致力于国内劳工阶级利益，实现充分就业、可持续发展、公正分配和加强社会福利。第二次世界大战后，工党在挪威长期执政，执行它宣布的上述纲领。20 世纪 90 年代中与我同期任驻华大使的白山认为，工党在挪威推行社会民主主义，与马克思主义有一定渊源。据我了解和观察，不管工党是否执政，国内政策如何调整，社会民主主义一直会在挪威占主导地位。

挪威社会民主主义的基本要点有三条：

（一）推行混合经济。坚持国有化，国家掌握经济命脉，同时扩大私有成分。

国家控制石油、电力、化工、银行、铁路、邮电、通讯等部门。上世纪末，挪 17 家国有大企业进行股份制改革，成立国有股份有限公司，其中石油等 7 家公司仍为国家全资，4 家国家控股（超过 51%），其余 6 家国家参股（20% 到 30%）。股份制改革后，由于国家是最大股东，大企业仍在国家手中。但引进竞争机制，扩大资金来源，效益明显提高。从 21 世纪开始，私有化有所扩大，如国家全股的石油公司开始上市吸收私人资本。目前，国有公司产值占全国总产值的一半以上。这是挪威政府能对全国经济进行干预的物质基础。

（二）采取公正的分配制度，实行全面的社会保障，保证公民共同富裕。

先讲公正的分配制度。具体来说，通过两次分配，缩小人们的收入差距。根据 1997 年我从挪威有关主管部门了解到的材料，第一次分配，工薪高低差距大约为 5—6 倍。如最高的，年薪为 40 万—50 万克朗：如飞机驾驶员、大企业总裁 50 万克朗当时约合 7 万 8 千美元，首相 40 万克朗合 62000 美元；中等年薪 20 万—30 万克朗：如外交部秘书长 35 万克朗，属中上；低收入年薪 10 万克朗。挪威税务局长介绍，挪威人平均收入 20—25 万克朗。经过征收高额累进所得税，即第二次分配（高收入税率 40%—50%，中等收入 15%—30% 不等，低收入 5 万克朗以下不交税），实际收入差距减至 3—4 倍。1996 年 5 月，我陪代表团去拉芬斯参观黑德鲁公司的化肥厂，厂长向我们介绍说，他们厂工人年平均工资 25 万克朗，扣掉税收，年纯收入 18 万克朗，每月 15000 克朗，而个人生活费一般为 8000 克朗。由上可见，经过两次分配，挪威人的收入差距不大，中等收入占多数。

再说挪威的全面社会保障，被称为"从摇篮到坟墓"的制度。即从出生到上学、医疗、失业、退休直到殡葬都有补贴，国家用钱包了下来。如孩子一生下来，每人补助 1 万多克朗，母亲享有带薪假 33 周（8 个多月），父亲也有一个月的全薪假；从婴儿到 16 岁成年，每月抚养费 1000 克朗；从小学到大学学费全免；看病除挂号费外，全都报销，包括住院食宿；失业救济金为原收入的 62%；退休养老金数额不一，大体是原工资的 1/2 到 2/3；殡葬费一人 4000 克朗，也由国家埋单。这种高福利费用非常大，国家每年支出 416 亿美元，人均 9290 美元，占整个产值的 30%、财政支出的 60%。

挪威的分配制度和全面社保确实保证挪威实现了两个目标：一是共同富裕。挪威总的两极分化不严重，拥有资产 100 万克朗以上的富裕阶层仅占人口中 1.6%；年收入超过 20 万克朗的中产阶级占 70% 以上；其余为低收入者，以及靠政府救济的困难户。挪威穷人从政府领到救济金为每月 5000 多克朗，相当于 600 多美元，由于物价高，生活还是相当困难的。二是普及全民教育。全国 430 万人口，在各类学校就学的学生有 110 万，其中高校 22 万；具有高中以上文化程度的占人口 60%。

挪威的高福利制度也存在一些问题和弊端。主要表现在两方面：一方面作为高福利基础的高税制有其必要性，但它拉平人们的收入，存在某种平均主义，影响了一部分人的劳动积极性。对于高税，不是所有的人包括一些有教养的高级人士一下子都能接受的。我熟悉的一位外交部高级官员年薪 35 万克朗，要交 30% 以上的税。有一次他对我发牢骚，觉得税收太高有些心疼，希望能出国当几年大使，这样收入可以享受免税，将来退休后生活会宽裕些。还有一位高收入的华人，要交近 40% 的所得税。有一次他对我讲心里话，说开始对这种高税感到不习惯，后来想想，全家享受社会保障，三个小孩上学全免，又想到助人为乐等道理，慢慢地也想通了。另一方面，全面社保把公民的各种开支都包下来，标准又高，费用太大，连挪威这样的富国也感到是个沉重的财政负担，难以为继；而且这种高福利还容易鼓励懒人，尤其在青年中滋长享乐思想。由于大锅饭，也出现浪费现象。挪威医疗全免，连吃住也不要钱，出现小病大养、无病呻吟、人满为患的状况，不少公立医院病人躺在走廊里，被人称为"走廊医院"。对于这种高福利模式，据说挪威有关当局也在探讨相关改革。

（三）调节劳资关系，促进社会安定、经济发展，这也是北欧社会民主主义的一个主要特点。

近 30 年来，挪威加强了政府、工会和工商联合会（前身是雇主协会等组织）三者之间的合作，共同确定合理的工资待遇，缩小工资差距，扩大企业民主，实行再就业工程。现在，挪威政府每星期一召开一次三方合作会议，处理劳资纠纷和问题。在政府协调下，每两年工商联合会与工会签订一个工资协议。据说，挪政府的调解取得了成果，增加了劳资合作，减少了社会冲突，凝聚各方面力量共同发展生产，增加就业，增强挪威经济的对外竞争能力。

挪威工会在挪威是一支重要政治力量。据 2007 年材料，挪威工人参加工会的比率为 70%，是世界最高的；其次是瑞典，为 50%。而其他西方国家因经济不景气，工会化率下滑，如美国 2006 年工会化率仅 7.4%。1997 年 4 月，中华全国总工会第一书记张丁华访挪，我有机会接触挪威工会主席霍更森，了解他对挪政府调节劳资关系的看法。他本人是工党领导机构成员，他认为工党政府寻求劳资双方都能接受的协议，符合劳工的共同愿望——更稳定的工作（减少失业）、更体面的工作（合理的待遇）。他很开通、坦率，对我说，工人不能要求过高，工资提得太快，超过生产增长，会引发通胀、增加产品成本、降低竞争力、影响出口，从而损害工人利益。他认为，挪威工党政府是代表工人长远利益的。

挪政府调节劳资矛盾的做法以及这位工会主席的言论，在过去会被斥之为"阶级调和论"的。现在，我觉得可加以研究，从中借鉴对我有益的经验。因为今天妥善处理工人和私人企业家的矛盾已成为我国政府面临的一个关系到社会稳定、经济发展的大问题。

挪威政风、民风对我建设小康、和谐社会的借鉴

4 年多在挪威的近距离接触和观察，给我印象最深的是，他们政府官员比较廉洁；领导人平民作风相当普遍；人民民主意识比较强，有时甚至有些极端民主化；社会风气好；生活方式健康，富而不奢；妇女政治上很活跃。我下面介绍的见闻可能有些具体以至琐碎，但折射出的一些精神和道理，对我们今天建设小康社会尤其是构建和谐社

会可能有所裨益。

挪威腐败指数低

挪威腐败指数之低，与芬兰一样，在国际上跻入前列。我与挪威高级官员、政界人士有许多交往，我发现他们一般比较注意遵守法纪和公德，没有什么特权，对处理公私关系特别是经济问题非常谨慎。

前首相布伦特兰夫人是我在挪威接触最多的一位领导人，听到或看到她对涉及个人问题态度严谨的事例很多。这里我举一件小事。她在挪威中部家乡有一处不大的别墅，有一年她想在上面加盖一层，为此向地方政府提出申请。地方当局根据市容、环保等有关规定，未予批准。布伦特兰夫人没有利用自己首相的地位施加影响，而是马上放弃扩建计划。20 世纪 90 年代中，她辞职后就住在这套乡间小别墅里，撰写她的回忆录。

肖斯塔夫人年轻干练，原是挪威工商部主管亚洲事务负责人，1996 年中参与接待江泽民主席访挪后，被破格任命为挪威驻上海总领事。这年年底，我回国述职，在上海与她见面，二人促膝交谈。她很兴奋，首先表示在华大有可为，与上海经贸合作前途光明。接着带着无奈和疲惫的神情坦率地对我说，在这儿工作不易，关键是必须打通"关系"（这里，她用标准的汉语发音），不仅要做好上面的工作，还要关照下面，有时主管的香没有烧到，事情照样办不成。她关于中国"关系学"的谈话，顿时令我语塞。两年后，她在上海心脏病突发，病逝于工作岗位，我非常悲痛。现在，我案头依然摆着一张我和夫人同她一起与江主席夫妇在奥斯陆游船上的合影。我听说她为打开上海工作局面，殚精竭虑，积劳成疾；我知道挪威人一般讲究公事公办，中国的"关系学"一定让她伤透脑筋。每念及此，内疚之情挥之不去。

据我了解，挪威官员比较清廉，除了社会经济发展水平、历史传统、公民素质以及实行官员财产申报和公示制度等因素外，还有以下几个原因：

（一）官员权力分割，尤其财权不大

如有一年首相出国访问，国内某个部门提出额外增加一个官员随行，遭到拒绝。我看到报纸上发表首相府的解释：首相出访均坐班机，随员控制在 10 人以内，费用已报议会批准，由中央财政开支；如工作需要临时加人，就要首相府出钱，而首相府并没有这笔预算。

（二）议会监督比较切实有效

议会里有一个由各党派组成的监察委员会，权力相当大，对政府高官直至首相财务上的疑点，可以直接进行质询。1995 年，中央银行行长（内阁成员，属执政的工党）因财务账目不清遭质询，不久被解职。为了保证这个委员会的独立性和公正性，委员会由各党派代表组成，执政党代表不能占多数，也不能任主席。委员会下设办事机构，有专业律师和审计人员，很有权威性。他们收到举报，可以进行调查，并根据有关法律提出处理意见交委员会审议，

此外，议会下属还有一个民间机构——监察专员署，有 36 名成员，由一名监察专员领导。它管辖范围广，所有政府和公共机构、国有企事业、社会服务业均受其监督。任何公民都有权向专员署投诉，主要是民事方面的案件，受理是免费的。我与当时的监察专员有过接触，感到他关心人民疾苦，对税收、房地产和产品质量等方面的违规侵权行为尤为重视。监察专员由议会选举产生，任期 4 年，独立行使职权，不受议会和行政部门干预，但每年须向议会报告一次工作。

（三）舆论监督活跃，对官员有相当大的约束力

挪威新闻媒体对高官乃至内阁成员的工作和作风时有评点，对他们的失职、违规以至生活上的不检点也予以曝光。如我认识的一位大臣用公家油票给自己的车加了几次油，马上受到报纸点名批评。这位大臣吸取教训，后来对生活小节很注意。她由于工作出色、人品好，在群众中威信仍然很高。媒体还有个"民主"做法，即在民意测验基础上，根据内阁成员业务工作和个人道德作风表现给他们打分，并予公布。这种舆论监督关乎个人荣辱、党派得失，以致内阁改选。因此，

有一回原驻华大使白山与我聊天时说，在挪威舆论作用相当大，甚至有时能使一届政府倒台。

前首相布伦特兰夫人非常重视舆论监督，这是我1995年11月在她访华中亲见的。她抵达北京当晚，我政府陪同团长为首相一行在一家古色古香的饭店举行便宴。席间，饭店经理为了增加欢乐气氛，提议由身穿宫女服装的女服务员打着宫伞同布伦特兰夫人和她丈夫合影。但布伦特兰夫人有礼貌地予以谢绝，并讲了过去自己访问新加坡时的教训。她说，那次访问中应主人盛情邀请，她丈夫穿了当地人的古装拍了一张照。相片在国内一见报，舆论为之哗然，似乎首相一行在外不务正业、游山玩水。最后她表示，当然代表团其他人与服务员合影，她不干预。访华期间，每天活动结束后，她都向挪威记者吹风。

此次访华最后一站是海南。代表团部分人员参观了当地人工养珠场，怂恿首相买上一些珠宝首饰，因此时公务已结束，布伦特兰夫人答应看看。我公司把饰品送到旅馆，它们确实款式新颖，光彩照人，夫人看后啧啧赞美。待其一问价格，均在数万元以上，不禁为之咋舌，即退避三舍，表示难以问津。一位富国首相舍不得买豪华首饰，似有些寒碜，也会令当时中方不少人不解。但在场的我不感到奇怪：布伦特兰夫人薪金不算高，且为官清廉，无额外收入；与许多挪威人一样，富而不奢，比较俭朴，不好穿戴。此外，我估计她还担心首相在国外购买昂贵奢侈品，一旦舆论曝光，会在国内造成不良影响。

（四）执法严厉，官民一视同仁

对挪威执法全面情况，除前述行长被解职外，我了解不多。我想讲一下自己熟悉的禁止酒后驾车问题，希望从这件小事能"窥斑知豹"，看到挪威执法的公正性。

挪威天气寒冷，不少人难免嗜好杯中之物，故警方对酒后开车查处甚严。许多挪威朋友告诉我们，奥斯陆警方遇到酒后驾车，不管是平民还是大臣，一律拘留三天再说，没有例外，不讲情面。因此，大家有点谈警（执法禁酒）色变，不敢以身试法。

我到任不久就知道了一个不成文的约定：凡来我使馆赴宴的大臣或其他高官，想喝酒的必带司机或乘出租车；自己开车来的，不用问，一定不喝酒。有一个周末的晚上，我乘坐的车在回官邸的路上被警察截住了。司机对他说这是中国大使的车，对方答道，在酒后驾车问题上，挪威一视同仁，没有外交豁免权。他让司机对着一根管子吹气，显示无违规后才予放行。我想，至少在这个问题上，奥斯陆警察确实做到了"法律面前人人平等"。

领导人的平民作风予人印象至深

我在挪威看到领导与群众的地位和待遇差别不大，没有多少特权和等级，尤其是他们领导人的平民作风予人印象至深。有些做法甚至带点绝对平均主义的味道。

挪威国王哈拉尔五世和首相布伦特兰夫人的平民作风毋庸赘述。这里仅就布伦特兰夫人的亲民作风做些补充。

我在挪威时听说，有一次，布伦特兰夫人下班从首相府回自己官邸途中，忽然发现路旁有人在车祸中受伤，就立即停车，毫不犹豫地让人把伤员扶上自己的车直送医院急救。第二天，她还派秘书去医院送鲜花慰问伤员。还有一次，她在国内乘飞机出差，遇到一位旅客突发心脏病。她从政前当过六年医生，所以立即自告奋勇地对大家说："我是医生，我来抢救。"随即她采取了急救措施，使病人状况得到控制和缓解，直到飞机降落、病人被安全送往医院治疗后，她才放下心来。

1996年10月，布伦特兰夫人辞去首相职务。那天她到王宫向国王告别，仪式简单，但很感人。我看到布伦特兰夫人向国王递交辞呈书后，以平民身份走出王宫。王宫前甬道两边站满了自发赶来的群众，纷纷向她挥手表示欢送。这时她的丈夫开了一辆私家小车，来接她回家。我看到布伦特兰夫人上车时脸上露出真挚的笑容，她感到挪威人民对她10多年来领导自己国家所做的多方面贡献是满意的。她也愿意回归享受天伦之乐和宽松自由的平民生活。

议长格伦达尔夫人按礼宾次序仅次于国王，有很强的亲和力，能团结各派人士，国内威信高，多次连选连任。1995 年 3 月，她率领议会代表团访华。代表团出发时我到机场贵宾室送行。一进屋，我看到议长、代表团其他 6 位团员（均是议员，也是各政党负责人）和唯一的工作人员——议会秘书，正分散坐在房间里自由交谈，没有安全人员随行，也没有负责人送行。议长招呼我坐在她身边，问了一些北京气候、习俗等情况。不久，机场工作人员前来通知登机。代表团乘的是班机，登机口离贵宾室相当远，他们要穿过候机大厅步行一段路。只见团员们拿着自己的物件，不分顺序匆忙往外走；那位秘书拎着装有全团材料、证件的手提箱，也不来特别照顾议长。议长左臂挎着夹大衣，右手提着公文包，走在中间，与议员们随便交谈，显得轻松自在。整个队伍三三两两，说说笑笑，不时还有别的旅客穿插其中，真看不出里面有国家领导人。

代表团回国时没有订贵宾室，我只好在普通出口处迎候。飞机落地多时，我看到代表团其他 7 位成员包括那位议会秘书都陆续出来，和我打招呼后各自回家了，独不见议长出现，心中有些焦急。后来议长终于出来了。她 50 多岁，拎着两个手提包，走得慢一些，看上去有点疲惫，但面露笑容。她一见我很高兴，马上停下来，从包里取出一小袋龙井茶，说这次访问很成功，茶是她自己在杭州买的，礼轻情义重，送给我聊以报答我的辛劳。我表示感谢，连忙帮她提一个大一点的包，一直把她送到候机大厅外的汽车旁。那天来接议长的除我之外，只有她的司机。

1994 年 12 月 10 日下午，诺贝尔和平奖颁奖仪式在首都奥斯陆市政厅举行。由于这一年的和平奖得主是巴勒斯坦国总统阿拉法特、以色列总理拉宾和外长佩雷斯，挪方采取严格的保安措施，包括在入口处进行安全检查。活动开始前一个多小时，我和夫人冒着寒风在市政厅前排队等候入场。忽然，一位新到任的大使经过我们队伍匆忙往前走，边走边念念有词："外交官享有特权，可以优先进场。"一位老大使赶紧上前把他拽住，指着前面的队伍说："你看奥斯陆市长也在排队。"无奈，这位新大使只好回到队尾。

努利在 20 世纪 80 年代中期当过首相，快 80 岁了，德高望重，访问过中国，对华友好。90 年代初退休后，担任挪威诺贝尔委员会成员。我决定去拜会他。努利住在离首都 200 公里的一个山区省会城市里，他曾在那里当过省长。1995 年 2 月一天中午，天下着小雪，我们驱车穿越盘旋而上的山道前往拜访。他在省政府大楼一间窄小的偏厅里见我，没有服务人员，沏续茶水，也是他自己张罗。双方谈得非常投机。最后我送他一幅松鹤图案的织锦画，祝他长寿。他激动地说："您今天冒雪远道来访，说明中国人不忘老朋友。"接着他不无抱怨地说，中国尊敬老人，不像挪威，他退休后就无人照管了。

我们谈话结束时已近黄昏，天开始下雨。努利从楼上陪我走到下面，几乎看不到人，只剩下门口一名守卫在值勤。他担心我们不认识回首都的路，亲自驾车带路，一直把我们送到通往首都的公路交叉口，然后下车道别，并一再叮咛："天下雨，山路滑，车子开慢些，拐弯尤其要小心。"暮色苍茫，细雨霏霏，望着这位当过首相、省长的老人的背影渐渐离去，我激动于他的友情，也为他的平易所打动。

我所看到挪威领导人的平民作风，尽管涉及的多是具体以至琐碎之事，但仍深深地触动着我。我感到，这一定程度上反映了挪威社会的某些特点。挪威中世纪没有像其他欧洲国家（包括邻国丹麦）那样，出现过人身依附的封建佃农制，农民一直保留着自由农的地位。所以恩格斯称挪威农民是"倔强"的。近 100 多年来，挪威推行社会民主主义，人民又长期受到民主的锻炼与熏陶，领导与群众之间已逐渐形成一种平等、随和、自然的关系。在这种社会环境和气氛下，下面的真实情况和不同意见比较容易反映上来。这样，可以避免问题和矛盾长期积累，以致出现全国性大的失误，或者酿成严重的社会动荡。

挪威人民主意识强，有大民主传统

挪威从 1818 年就建立议会制，人民长期接受民主训练。他们有搞大民主、进行全国公决的传统，全民就国家大事进行辩论，但投票公决后，能平静接受多数意见。历史上一共举行过四次公决：第一次是 1905 年 8 月，全国就是否与瑞典结束联盟实现独立进行公决，结果 99.89% 的绝对多数人赞成，票数为 368392 张，反对的仅有 184 张，同年 10 月挪威据此取得独立地位。第二次，1949 年挪威面临东西方冷战开始处于前沿国的局面，经过几个月的大辩论，最后公民投票多数决定参加北大西洋公约组织。第三次是 1972 年全民公决多数否决加入欧洲共同市场。第四次是 1994 年下半年，挪威就加入欧洲联盟举行公民投票。我有幸亲历了这次公民投票的全过程，包括投票前的全国大辩论。我想把我看到的情况及感想记述如下：

1994 年 11 月 28 日，挪威就加入欧洲联盟举行全民公决。投票率很高，达 88.8%。投票结果：反对入盟者以 52.2% 对 47.8% 的微弱多数战胜了赞成入盟者，入盟遭到否决。在此之前，两派在全国范围内就入盟之事进行长达半年的政治辩论。工党政府、首相布伦特兰夫人主张入盟，得到了国内赞成推动欧洲联合的力量主要是大城市居民、企业家和一部分知识分子的广泛支持。他们认为，挪威应当顺应欧洲统一潮流，加入欧盟，这在经济和政治上对挪威利多于弊。但反对入盟的力量也相当强，不少挪威人觉得依靠自己丰富的资源和先进的管理，国家日富，怕入盟后被"均富"，经济上吃亏。其次，相当多挪威人政治上担心受制于欧盟，由布鲁塞尔决定奥斯陆的事情，失去独立性，有的甚至联想到过去与瑞典联盟、受瑞典统治的时代，有点"谈盟色变"。第三，农民、渔民怕入盟后财政补贴减少，损害自己的利益；而不少妇女认为入盟后可能会缩小现在享有的广泛权利，也有疑虑。

赞成与反对入盟者争论是全国性的，相当激烈，持续达半年之久。从城市到乡镇，从政党领导到平民百姓，从党派、团体到机关、学校，以至家庭，都卷入这场斗争。两派通过新闻媒体、游行演说、粉刷标语等方式进行大辩论，成立各种组织和机构，募集宣传基金，营垒分明。双方就入盟利弊各抒己见，经常争得面红耳赤，但"君子动口不动手"，没有武斗，也极少谩骂。当然不时也出现一些戏剧性事件，如代表工党的首相在一次全国转播的电视辩论中，反而处于下风。从结果看，挪威大民主经受住了考验。第一，挪威人能服从多数决定，遵守国家的规定。公民投票结果一公布，一切围绕是否入欧盟的辩论和宣传活动立即终止。次日，两派临时建立的机构全部撤销，工党少数派成立的反对入盟的行动委员会也宣布解散，全国恢复正常和平静。第二，群众支持政府，上下保持团结。工党政府本来主张入盟，但公决后即发表声明，执行拒绝入盟的决定，同时采取一系列与欧盟挂钩的步骤，尽可能减少在盟外可能带来的损失。不少在大辩论中反对入盟的群众又站到工党政府和首相一边，他们强调"公民投票"作为历史一页已翻过去了，不能仅仅根据对入盟的态度来衡量政府的政策和工作，当前政府要与欧盟谈判建立新的关系，更需人民支持。投票不久后举行的一次民意测验显示，国民对挪威工党和首相的支持率反而提高7个百分点。但挪威也有人认为，半年大辩论影响了国家政治经济生活正常运转，有点"劳民伤财"。

突尼斯驻挪威大使赛义德是我的老相识，他和我一样追踪了这次公民投票的全过程。他不无感慨地对我说："半年恩怨，一夜泯灭，表明挪威人有良好的民主意识和政治素质，很不简单！这在许多第三世界国家是难以想象的。"我也有同感。我认为一些具备条件的国家，对某些特定重大问题偶尔采取大民主方式，或许可以广集意见，作出的决定也容易得到群众的理解和支持。但大民主未必是一种最好的选择，不仅街头政治达到的多数不一定代表真理，而且有不少副作用，至少干扰了国家正常的工作和生产劳动。而不具备挪威那样条件的多数国家这样做，甚至可能酿成政治动乱。

健康的生活方式，朴实的社会风尚

挪威国民收入很高，生活一般都比较富裕，不少人拥有别墅、游艇，家庭小汽车更是几乎每家都有，然而他们的生活却相当俭朴。我们有时到挪威友人家作客，他们的家宴一般只有两三道普通的菜，有时辅以自家院中采摘的浆果，但是气氛很温馨。他们用的电器、家具讲究方便实用，并不追求时尚，更不忙于更新换代。即使在我们到过的挪威大臣家里，装饰用品也都很普通，有些甚至已相当陈旧。

在我任期内，我国省部级代表团来访甚多，我常常陪同活动。往往上午到中央各部门会谈、参观，中午对方负责人就在单位以三明治（夹三文鱼肉片或生菜炒鸡蛋）加软饮料招待，方便、卫生又节约。这种做法，受到国内来的一些领导同志的赞赏，他们对挪威人富而不奢留下良好的印象。我参加过挪威国王的宴会，也是三道菜：一冷（虾或鱼子）二热（一鱼一肉配土豆蔬菜），饭后冰淇淋。

挪威人生活方式比较健康

挪威人喜欢大自然，爱好户外运动——长跑、滑雪。每年国庆节上午在王宫前广场组织学生游行，下午有群众性长跑比赛，从奥斯陆市中心一直跑到郊区的雕塑公园，有一次我看到议长格伦达尔夫人也高高兴兴出现在这种长跑队伍里。挪威2/3国土高山连绵，一年中大半年被冰雪覆盖，滑雪是生存手段和与生俱来的运动。有时我们外出散散心，看到公路旁、公园里，男女老少都在滑雪，无怪乎挪威的民谣称，挪威人生来就带着滑雪板。由于长年坚持户外运动，空气又新鲜，所以挪威人身体都比较健壮。

许多人闲暇时，除户外运动外，喜欢在家听音乐、看书、读报，很少有人过灯红酒绿的夜生活。有人统计，挪威平均每人一年要购买10本书，是世界上最多的；出版的报纸、杂志按人口平均也是最多的，全国150多种报纸，发行量200余万份，平均两个人一份报纸。我注意到挪威人在公共场合手不释卷的确实很多。一位挪威朋友半开玩笑地对我说，挪威地广人稀，山水相隔，天寒夜长，生活单调，前辈们只能以滑雪、看书消磨时光，久而久之这个习惯一直留传下来。

挪威人热爱大自然，同环境有很大关系。全国无论高山或沿海平原都是一片葱绿，连北极圈的北角也都生长着茂密森林。超过半数的挪威人拥有自家的林中木屋。这种小木屋匿身于原野，周围景色质朴。一般拥有一间起居室，一间或两间卧室，一个室外卫生间，一个小木棚和一间小厨房。木柴取暖，山泉洗饮，油灯或蜡烛照明，"返璞归真"。成千上万挪威人宁愿在自家木屋中度过周末和节假日。我们在一位挪威朋友的山中木屋中住过一宿，皓月当空，山泉淙淙，微风拂面，花香扑鼻，别有一番风味。挪威朋友诚朴好客，临走时还一再叮咛，木屋的钥匙就放置在屋旁一块青砖下面，欢迎我们随时去享用。

从小培养孩子勇敢自立精神，孩子摔倒自己爬起来

挪威长年天寒地冻。许多家长积极鼓励并带领孩子在风雪中锻炼玩耍，在与恶劣的气候抗争中培养他们勇敢、自立的精神。1994 年 3 月下旬，到挪威不久的一天，朔风凛冽，大雪纷飞，我们决定驱车去奥斯陆山顶看雪景。沿途许多挪威人都足蹬雪橇高兴地滑雪。当车行到半山腰时，道旁一个 30 岁左右的男子正带着一个四五岁的小男孩一前一后滑雪上山。忽然，小孩一个趔趄摔倒在路边雪地上，一时爬不起来，而在前方的大人仅仅回头看一眼就继续向上滑行了。小孩可能已经习惯了，没有呼唤帮助，只见他自己艰难地挣扎爬起来，摆正雪橇，撑动滑雪杆，又踉踉跄跄往前追赶。目睹这一幕，我立刻想到：要是在国内，特别在大城市里，小孩摔这么一大跤，恐怕会躺在地上哭叫起来，而家长会马上赶来把他扶抱安抚一番！?

环保意识代代相传，环保美德从小培养

挪威人的环保意识闻名遐迩。在那里不仅看不到随地乱扔弃物，连狗拉了屎都会被主人立刻用随身带的塑料袋拾起带走。今天，挪威处处山清水秀，空气新鲜，完全来自人们自觉维护优美环境的好风尚。

1995 年 5 月，一个春暖花开的星期天，我正在住所附近绿草如茵的维格朗雕塑公园闲步散心，忽然看到一个三四岁的女孩手里拿着一张糖纸，歪歪斜斜走向旁边的一个果皮箱，把纸扔在里面，然后又高高兴兴地往回走，不远处一位年轻妇女坐在椅子上微笑地迎接她。

母亲鼓励女童养成美德这件小事，深深印在我的脑海之中。现在上街，每当看到国内衣着时髦的年轻父母随地乱扔果皮废纸，甚至当着自己孩子的面，或放任自己孩子这样做，心里总感到不是滋味。每当此时，那位挪威年轻母亲的微笑又浮现在我的眼前。

质朴、诚实的民风

1997 年 5 月，美国一家杂志在欧洲做过一次诚实测试。它在欧洲各地街道、商场和公园分别丢下 200 个内装 50 美元及姓名、地址、电话号码的钱包，以测试欧洲人的诚实程度。结果，有 116 个送回，占总数的 58%，其中在挪威的奥斯陆丢下的钱包被全部送回，完璧归赵。

从我在挪威的一些接触和观察，这个测试看来是可信的。挪威所得税高，完税率大，这说明挪威人的诚实程度和互助精神是不错的。除了我前已举过的例子外，使馆教育处同志告诉我们，在挪威华人老板也成为照章纳税的守法公民。他说，有一次，一位华人饭店老板热情地为教育处的客人付账，尽管是自己的餐馆，他还亲自掏钱交给服务员埋单。这位老板说，挪威是依法办事的国家，他开餐馆规定要给政府交 35% 的营业税，他要像本地人一样为人行事。在奥斯陆，红绿灯全是自动控制的，无交通警执勤，即使马路上没有车辆，红灯亮时，行人都一个个伫立街口不越轨一步，机动车也悄然停下静候。因此，交通井然有序，车辆各行其道地疾驶。饭店服务无收小费的惯例，江泽民主席访问挪威住首都最大酒店，代表团交使馆代为发送的几千美元小费全数退还，代表团主管财务的同志还不太相信。中国旅客来挪威住在饭店里，每天早晨免费供应自助餐，原以为总有人把守，查看一下住宿证之类，却从未见此景出现。你尽管可以放心坐下用餐，因为挪威人相信，不会有人吃白食。

但是，随着市场经济的发展，高福利、生活优越的副作用，单亲家庭对儿童造成的不健康心理，加上移民的大量增加，这些年挪威社会公德下滑，集中反映在现代文明综合征——青少年犯罪比较突出。从 1998 年开始，挪政府决定成立"价值委员会"，来处理经济增长、道德下滑的问题。学校提出要加强德育教育，并希望家长配合。

男女平等，妇女在政治生活中表现活跃

有不少人说，挪威是女权主义国家，我不完全赞同。但我感到，

挪威妇女在政治上非常活跃，男女平等做得比较好。

我前面多次提到的首相布伦特兰夫人、议长格伦达尔夫人和工商大臣克努德森夫人，是挪威妇女界脱颖而出的佼佼者，她们的成功是与本身条件和主观努力分不开的。但我初步观察研究，挪威妇女社会政治地位普遍比较高，有四个原因：

1. 制度机制上的保证。1913 年挪威宪法规定，男女有同等选举和被选举权，时间早于瑞士。挪威有个不成文的规定，妇女在内阁和议会中所占的比例为 40% 以上、中央各部三个主要领导职务（大臣、国务秘书、政治顾问）中须有一个由妇女担任。从 20 世纪 80 年代以来，大体保持了这种状况，例如，1993 年布伦特兰夫人的内阁有 8 位妇女，除首相外，还占有工商、社会和文化大臣等要职。1996 年的内阁，19 位大臣中 9 位是女性。当时全国议会 65 位议员中，44% 是女性，议长以及几个专门委员会的主席均由妇女担任。几位全国性政党的主席或副主席也是妇女。1993 年，挪威选出了第一位女主教。挪威妇女儿童部下专设一个妇女平等司，负责处理保障妇女权益事宜。

1994 年 8 月，童心礼在挪威莱克斯维克市女市长家做客（左二是女主人）

2. 完备的社会保障制度的好处。挪威的全面社会保障，使人们的生老病死、衣食住行的开销基本得到了保证。从小学到大学免费，让妇女普遍获得受教育的机会。全方位的高福利使一般处于弱势地位的妇女无生活、就业、治病之虞；老人、儿童都有补贴和照料，家庭也不会拖妇女后腿。生孩子不仅母亲享有全薪假，也给父亲一个月的全薪假，在家带孩子，做家务。总之，社会保障使挪威妇女有更多时间和精力投入公共事业或社会工作，为她们参政提供有利条件。

3. 历史传统的影响。有一次，我问一位挪威女界的负责人："为什么挪威妇女参政如此普遍？"她回答道："除了政府鼓励等现实因素外，还有历史传统。很早以来，挪威就是一个航海国家，捕鱼业发达。男子经常漂洋出国，或在海上作业，而妇女则长年留在岸上参与公共生活。这样久而久之，妇女就养成了参与社会管理的习惯与传统。"

4. 社会大环境的作用。如前所述，古代挪威封建社会影响小，近100多年又推行社会民主主义，民主、平等、公正观念深入人心。在这种大环境影响下，挪威各级官员平民作风、亲民意识比较强。而由于妇女从社会地位到心理状态，一般来说易于与中下阶层、弱势群体沟通，她们从政后往往在这些方面表现更为突出，因此受到挪威各界的欢迎与支持。

尽管如此，挪威妇女与男子相比，在就业、报酬等方面仍存在一些歧视或差别；她们还不时受到家庭暴力侵犯。此外，挪威妇女走上社会，也带来家庭大量解体等社会问题。目前挪威妇女平等司经常收到妇女的申诉信函。总之，挪威妇女解放也还有一段路要走。

美丽奇特的风光

地理特点

"挪威"一词的意思是"通往北方之路"。她被多次评为世界野外旅游最美的国度。地形狭长，南北跨13个纬度，高山耸立，三面大海环抱，有15000个岛屿；海岸线曲曲弯弯，长达21000公里，比我国大陆的海岸线还长 3000 公里。虽然 1/3 国土在北极圈内，但因为大西洋暖流影响，大部分地区气候温和。挪威 1 万年前即冰河时代前，是一片连绵起伏的高原，完全为厚冰所覆盖，无人居住。冰河时代开始，第四纪冰川消融，斯堪的纳维亚半岛隆起，挪威出现又长又宽的深邃峡湾。在挪威不仅北极地区有白夜，奥斯陆 6、7 月也可看到午夜太阳。总之，高耸的群山、幽深的峡湾、宁静的海岛、奔泻的瀑布、碧绿的原野、洁白的冰川……宛如一幅气势雄伟、美丽如画的自然长卷，使每个身临其境的人都留下难忘的美好印象。

我们陪同代表团访问，去外地出差，可以欣赏沿途和各地旖旎独特的风光；参加挪威外交部使节旅行，有机会领略当地的名胜古迹；首都奥斯陆丰富多彩的生活，也能让人感受到挪威四季之美。

难忘的三次旅行

（一）1994 年春天，我们去南方出席世界石油大会，来回走盘山公路，饱览了挪威南部风光。5 月 28 日，石油大会在挪威西南沿海城

1997 年夏，朱应鹿大使夫妇游览挪威的冰川

市斯塔万格举行。我们前一天驱车离开奥斯陆沿海边南行，经过东南端小城克里斯蒂昂森，再折向西，傍晚到达位于西南角的目的地。车在半山公路上开，一边是崇山峻岭，树木从岩石缝中艰难地向上生长出来，绿森森的一片，初春季节，鸟语花香；一边是蔚蓝的大海，海涛撞击山崖飞溅的水柱时有所现，同时传来阵阵轰鸣的涛声。有时车子盘旋下山，在海边平原奔驰，掠过路旁大片绿茵草地、茂密的树林和黄色的春麦，偶尔三两红墙白顶的农家木屋点缀其间，景致真像欧洲童话里描写的那样优美动人。在克城市郊有一段狭长的峡湾，两边丘陵环绕，奇花异草，海水碧绿透明，宛若翡翠，清澈见底。当地人说，这是南方一景。我们在那里稍作停留，拍照留念。

5月31日结束当地活动后，我们早晨坐车向东北行，穿越高原雪山，路程比来时绕海缩短一半，下午就返回首都。这一路奇景变幻，美不胜收。开始上山小雨，接着转阴，到山顶忽然雪花飘落，白茫茫一片，寒气袭人，完全是北国风光。沿途可以看到铲雪车已把往日积雪扫到公路两旁，一人多高的雪墙绵延几十公里。中午时分开始下山，周围出现绿意，偶然还可以瞥见山涧、瀑布；下午出了山进入平原，只见两旁花红树绿，和煦的阳光照在身上暖洋洋的，如同回到我们熟悉的江南水乡。一问，已经进入德拉门市，离奥斯陆南几十公里了。一日之内经历多种气候，领略不同景色。挪威野外公路旅游，列为"世界之最"，真是名不虚传。

（二）1995年5月22日到24日，挪威外交部组织使团到外地旅行。外交部秘书长考丁夫妇带队，使团踊跃参加，有26家共计60余人，我们夫妇也在其列。这次使节旅行参加人多，还有一个原因是，旅行目的地是中部西海岸风景优美的奥勒松，去看三文鱼生产基地，还要坐船游览举世闻名的峡湾。那天，我们坐大游艇进入奥勒松附近的峡湾。只见两岸层峦叠嶂，山峰陡峭，变化多端，山顶白雪皑皑，山坡绿茵丛丛。水面宽阔，海水清澈，涟漪荡漾，白鸥翻飞，山水相映。那天气候宜人，微风轻拂，万里无云。周围空气清新，环境幽静，几乎不见人烟，没有一点污染痕迹。我们在宽敞的甲板上静坐、闲步，

1995 年 5 月，童心礼在挪威西部峡湾的游艇上

观赏景色，不知不觉一个小时过去了。有人说峡湾是挪威的灵魂，美在大自然的鬼斧神工。听说南面靠近卑尔根的松恩峡湾是在世界上最长最深的一个，全长 250 公里，最深处达 1 309 米。使节们不禁为大自然赋予挪威那么好的条件羡慕不已，也为他们保护环境所做的努力感叹备至。

（三）第三次是北国之行。1997 年 2 月，"北极光艺术节"在特隆姆瑟市举行。北京美猴王京剧团前往演出，我和夫人应邀出席开幕式，并进行友好访问，饱览了北国风光。

特隆姆瑟地处北纬 69° 20′，在北极圈内，被人称为"北极之门"，是世界上最北的有大雪的城市。一年有 5 个月气温在零度以下，近半年时间下雪。这里冬天漫长，天气昏暗，有将近两个月全黑的时间。我们去的时候已接近尾声，但依然昼夜黑暗（挪威人称为"暗蓝"），日夜开着电灯，仅中午一会儿犹如阴天的黄昏，略有光线。整个城市为大雪覆盖，银装素裹。那年雪特别大，我们看到有的地方雪堆高达两米，堵住了平房。但据说，他们房子建筑有特色，大门封不住，有向外的通道。街上有些地方，电线杆被雪盖住，只有顶端还露出。我们乘机拍了几张真正的暗景（大白天满是灯）照片留念。市中心一些人行道下装有热电缆，不结冰。马路上及时铲雪，交通、活动不受影响。

特隆姆瑟享有城市地位仅 200 年，过去主要生活来源是捕鱼、猎海豹。1960 年建成跨海大桥，把特隆姆斯岛和乌尔斯菲尤尔市连接起来，合并成今天的特隆姆瑟市。近 30 年来航空发达后，旅游业随之繁荣，城市迅速发展起来。我们发现这里餐厅、饭馆很多，夜生活活跃。从旅馆窗口向下望，午夜之后，人们依然熙熙攘攘，街上十分热闹，这是我们在奥斯陆住宅区感受不到的，也许正因为冬季太长，需要调节生活的节奏和色彩。在那里还有一个奇观吸引着人们：高 115 英尺、三角形的白色木制"北极大教堂"，东面冲海的外墙镶嵌着色彩斑斓的花玻璃，耸立在海岛一侧；与之相伴的是美丽的跨海大桥，由高高的混凝土柱子撑着，飞架峡湾东西，把海岛与陆地相连。晚上远眺，一棵五彩缤纷的金树熠熠发光，牵着一条长长的玉带，蔚为壮观。

这里还是个文化城。特隆姆瑟大学 1972 年正式开学，我们去参观时已有相当规模，学生达 7000 人。院系带有北极特色，有生物、地质、渔业、医学等，还有关于北极、萨米文化、水产等多个研究中心。我们去探望中国留学生并同他们座谈，有 14 人出席，选学生物、物理，也有学音乐的。在这样遥远的北极圈里见到我们的学子，心里真是感

1997 年 2 月，白天在特隆姆瑟街头留影，可见光线很暗

到惊喜。这不禁使我们想起，前年到挪威中部山区参加一场外事活动，经过一个偏僻小镇的公路拐弯处，忽然瞥见路旁竖立一块木牌，上面用挪中两种文字写着"某某中国饭馆"。中国人生存能力真强，无处不在。

奥斯陆四季

奥斯陆四季分明。那里冬季从 11 月到第二年 4 月，银装素裹，冰冻大地铺上一层柔软洁白的雪地毯，男女老幼穿着五颜六色的羽绒服，纷纷到公园、郊外滑雪。我们馆员闲暇时也去野外滑雪，有的人水平还相当高超。奥斯陆跳雪台建立于 1892 年，跳台高 56 米，远跳纪录达 110 米。每年 3 月的第一周举行国际跳雪比赛，观众多达十万人，有时我们也去观赏。

5 月初天气暖和起来，大雪融化，草地经过一冬雪水滋润，在阳光照耀下，一下子披上绿装，春回大地。每年 5 月 17 日国庆节，是挪威春天来到的标志。上午中小学生穿着节日盛装，打着彩旗，敲着铜鼓，

1994 年 10 月 1 日，朱应鹿大使夫妇在挪威中国大使官邸国庆招待会上

吹着喇叭，兴高采烈地到王宫广场游行；下午成人举行长跑活动或其他欢庆活动，也有许多人躺在公园草坪上，享受久违的和煦阳光。此刻，沉睡一冬的游艇扬起点点白帆，出现在奥斯陆湾的海面上。这一天使馆放假，我们可以随意观摩游行、长跑，到公园漫步，去海边徜徉，轻松一番。春天也是挪威鱼汛的季节，有时使馆人员会应奥斯陆附近德罗巴克小镇的渔民邀请，看他们出海捕鱼，并参加渔民在海边举行的鱼饼烧烤午宴，与民同欢，其乐融融。

7月24日是夏至，那天在奥斯陆可以看到午夜的太阳。我们有时也驱车出来转转，只见铜锣一般白生生的太阳悬挂大际，海边篝火旁青年们在欢笑弹唱，这是他们非常快乐的时光。可惜这里夏季很短，9月进入秋季。秋高气爽，大自然色彩斑斓，有点像北京的10月。我们官邸就在维格朗雕塑公园旁边，秋天到那里散步，风景特别诱人。我们站在公园最高处由121个人体花岗石浮雕构成的"生命柱"所在的椭圆形平台上，极目远眺，层林尽染，园里绿、黄、红、白、紫、褐各色树木，构成一幅五彩缤纷的山水画。公园中轴线上，百座雕塑千姿百态，栩栩如生，错落有致地散布其间，令人陶醉，给人遐想。秋天也是收获的季节，我们使馆同志有时利用假日到奥斯陆郊外帮助当地农民采摘果实。我们驻外人员在那里的业余生活，像挪威人一样过得俭朴健康，而又丰富多彩。

斯瓦尔巴德群岛的特殊地位

斯瓦尔巴德群岛是北冰洋上最大的岛屿，面积达6.27万平方公里。它是目前世界上唯一同时解决主权归属和共同开发问题的领土。我在任期中没有机会去那里访问，但在奥斯陆参观了群岛的博物馆，知道一些情况。在挪威语中，斯瓦尔巴德的意思是"寒冷海岸的岛屿"。有材料说，最早是1194年冰岛人在记载中提到，他们发现了这些群岛；也有说法是，在此之前，挪威海盗就到过那里。但由于群岛大部分为冰川覆盖，自然条件十分恶劣，在很长时间里无人居住；17世纪开始，英国、法国、德国、丹麦和挪威不断有人去探险，在该岛海域捕猎鲸

鱼和海豹。

20世纪该岛发现煤矿，主权归属问题即引起争议。当时在岛上主要是俄罗斯人经营皮毛生意和开采煤矿。1920年，挪威、美国、丹麦、法国、意大利、日本、荷兰、英国、爱尔兰和瑞典十国举行会议，签署了《斯匹茨卑尔根条约》，规定挪威对该岛拥有主权，但签约国在该岛可以自由地进行经营活动，包括工业、采矿、捕鱼、狩猎和其他海洋与商业活动。1925年，挪威议会正式批准该条约，并改名《斯瓦尔巴德条约》，该岛也由此得名。到目前为止，该条约的签字国已达42个，我国也是其中之一。

目前群岛常住人口约2400人，其中俄罗斯人和乌克兰人占62%，主要从事煤矿管理、开采。挪威人占38%，大部分是矿工。我国在该岛设立了科学考察站，进行极地研究。

中国在北极设立探险站，高登义考察斯瓦尔巴德岛

2009年3月20日，《光明日报》发表了关于中国"三极"探险第一人——大气物理学家高登义科考活动的特写，神秘惊险，其中他在日记中披露的有关斯瓦尔巴德岛的探险经历尤为风趣感人。

1991年，高登义应挪威方面邀请赴斯岛及附近海域考察。其间他了解到1925年当时的民国政府已加入《斯瓦尔巴德条约》，中国在北极建站，从事商业及科学考察，完全具有合法性。回国后，他向国内有关方面建议在北极建站。2001年挪威正式答复，欢迎中国去斯岛建站。2002年，"中国伊利·沐林北极科学探险考察站"终于在斯瓦尔巴德落成。

斯瓦尔巴德岛位于北纬78度到81度之间，60%被冰川覆盖。但由于海洋性气候和北大西洋暖流的影响，岛上存有绿洲，生长着虎尔草、岩高兰和云莓等植物，年平均温度是零下4摄氏度。尽管如此，在北极考察远非易事。2002年8月10日高登义的考察日记说明了这一点，他称这一天是战斗的一天。这一天，他和其他几位科学家去斯岛一座海拔900米的山头冰帽上取冰雪样品。高登义在日记中把这一

天描绘成如同红军"过草地、爬雪山"的情景。现将《光明日报》对他的采访文章精要摘编于后，以飨读者：

由于目的地在一条宽阔的河谷对岸，必须先渡河。冰川融水夹带着泥沙汹涌而下，在近3千米宽的河谷中冲刷出了四条大河。高登义等人手中的工具只有橡皮艇，每次只能乘二到三人。河水湍急，挥桨困难，为保证同行者特别是女士的安全，高登义和另一位地质学家当了个"急先锋"：他们先行划到对岸，然后用长绳把其他橡皮艇一一拖过河。先后反复四次，大家都疲惫不堪，高登义却拍拍脑袋说："多像红军四渡赤水。"

渡水后，4千米宽、10公里长的大草地呈现在科学家眼前。只见驯鹿觅食、海鸥低飞，点点雪绒花缀在草地间。谁知美景下藏有危险，没过一会儿，大家误入水草丛生的沼泽地。男士们又得背起女士们"过草地"，一边跋涉一边互相鼓励。

"过草地之后还得爬雪山"。对于8次攀登珠穆朗玛峰的高登义来说，海拔900米的小山不过是小菜一碟。然而，在攀登到海拔700多米处时，高登义的左腿旧伤复发，只能让同行者先走，自己在此坐等。他一边按摩左膝关节，一边欣赏四周冰川。他浮想联翩，根据冰川的不同形状，想象为"白雪公主侧卧于山腰""白衣女神拥抱山冈"等等。

这样神思畅游，待与队友重聚时，已是几个小时之后。而再跋涉回赤水"时，已经是当地时间深夜10点——距早晨出发正好12小时。这一天被高登义戏称为"长征"，只是他九次北极科考中一个小小的片断。

高登义回忆他一生时说，他是"大自然之子"。他在珠峰上望着旗云思索，在南极对着极光思索，在北极面向冰川思索。这么多年，他感到亲近大自然，与天知己，其乐无穷。

跌宕起伏的历史

每个国家的历史都有不同的特点，都会经历跌宕起伏，有令人骄傲的时期，也有使人心酸的阶段；不同的经历对一个民族的发展或民族性的形成都会产生深刻影响。我感到，中世纪北欧海盗时期，近代400多年的丹（麦）挪联盟与紧接着91年的瑞（典）挪联盟，挪威长期受两个邻国统治，处于附属国地位，以及二战中五年艰苦的抗德战争，都在挪威人的性格和心理上留下鲜明的烙印。譬如，挪威人具有向外开拓传统，民族独立性比较强，对"联盟"特别反感。总之，了解一点历史，可以更深认识一个国家。

上古时期

公元前8000年左右，当巨大的内陆冰层从斯堪的纳维亚半岛上逐渐退去的时候，挪威就已经有人类居住了，他们是从欧洲大陆移居去的日耳曼人。这些先民以捕杀驯鹿及其他动物为生。到公元前2500年左右，挪威南部气候较温和的地区开始发展农业，公元前500年以后，挪威进入了青铜时代。根据考古发现，当时挪威文明程度已取得很大进步，岩画上已出现能装载30个人的船只、骑马的士兵、由马或牛拉动的二轮和四轮车等等。但是，此后的1000多年中，直到公元8世纪晚期，由于气候骤然变冷，挪威乃至整个斯堪的纳维亚半岛文明化进程受到严重阻碍，陷入了"沉睡"状态。从社会发展观点看，到8世纪，北欧才脱离原始社会，出现私有财产和阶级分化，比中、南欧晚上千年。维京海盗的出现对推进北欧三国文明起了巨大作用。

海盗时期

8—11世纪维京海盗历史始末

根据考古发掘和传说，公元793年，维京海盗的船队袭击了英格兰东北海岸的林第斯法纳岛，并洗劫了岛上的教堂和修道院。这被公认为是海盗时期的开端。1066年，挪威国王哈拉尔·哈德罗德率领的军队在英格兰的斯坦福德桥战役中被打败，基本宣告了维京海盗时期的终结，共计 273 年。由于遇到英格兰和南威尔士的抵抗，最初 40 多年里，维京海盗的势力主要局限于爱尔兰岛，以此为基地不断侵袭英国东海岸和法国的海峡沿岸地区。海盗船从法国沿海河道逆流而上，长驱直入，沿途劫村掠舍、烧杀抢夺，861 年曾攻入并洗劫过巴黎。由于没有遇到大规模抵抗，维京海盗侵袭的范围迅速扩大，北至冰岛，西到西班牙，南至亚平宁半岛和西西里岛，甚至直到君士坦丁堡的广大欧洲地区都受到他们攻击。

在北欧海盗扩张中，有个相对的地区划分。如瑞典人主要是跨过波罗的海向东方扩张，对包括俄罗斯在内的斯拉夫人居住的地区进行侵袭。丹麦人扩张范围最广，包括英法的大部分地区。而挪威人主要集中在欧洲西北部的爱尔兰、苏格兰、冰岛等地。但挪、丹经常联合行动，如 911 年两国海盗南侵欧洲大陆，在塞纳河流域建立了诺曼底公国。

实际上，北欧海盗多数来自挪威。当时挪威西部和南部的海湾地区已不再有土地资源可供开发，那里的居民纷纷出海从事海盗活动。维京（VIKING）一词的意思就是"海湾地区的人"。挪威海岸线最长，历来是航海国家，造船技术先进，有惊人的航海能力。据说在 1001 年，挪威探险家埃里克松到达过美洲，比哥伦布早了整整 500 年。1880 年人们在挪威桑得峡湾附近挖掘出的格克萨得海盗船，建造于 787 年，当年被用以进攻英国，现在展出在奥斯陆郊外比戈岛的海盗博物馆中。此船用橡树木板制成，长 25 米，宽 5 米，配有桅杆和 16 对桨，舵在右侧。后来根据该船设计制造的船只性能良好，经试航仅用四周就穿越了大西洋。

海盗的作用：抢劫掠夺与和平开发并举

北欧海盗扩张的根源是经济性的。挪威所在的斯堪的纳维亚半岛，适于人类居住的只有沿海的狭长地带，但气候寒冷，土地贫瘠而多沙，不利于农业生产。当地人对航海业的依赖性很强，而从事此行业的北欧人都是勇于冒险、孔武有力的"胆大妄为之徒"。不难想象，只要时机成熟，他们就会"自然而然"地转向海盗行为。

关于北欧海盗的历史作用，在欧洲史学界是有争论的。挪威著名的企业家兼作家彼耶克对挪威历史有研究。他年轻时也在突尼斯当过外交官，知道我长期在中东北非工作，由于这个因缘，我到挪威不久，我们就成了朋友。彼耶克对北欧海盗的评价比较客观。他在其所著的图文并茂的《挪威》一书中，对北欧海盗抢劫掠夺一面并不讳言。他写道，大约从公元 9 世纪初到 11 世纪中叶期间的每年春天，北欧人都要从维京（奥斯陆湾）和其他海岸地带（北至霍勒咖兰地区）出发，去进行他们所谓的"海盗"活动，地方头领或"海王"率领一艘船或一支小船队，就可以进行这种远征。所有在船上的人都是自由而平等的，在船主得到他那份战利品之后，剩下的由众人均分。这些海盗经常袭击掠夺英伦三岛，尤其是那里的教堂、寺院，因为有钱人将金银财宝委托寺院保管。他们不仅抢物，而且把这些国家的青年男女掳回国内。直到 19 世纪初，英国母亲吓唬小孩还在说："再闹，北欧海盗要来了。"但彼耶克在书中同时公正地指出，随着时间推移，海盗在他们原先抢劫的地方停留时间也长了起来，定居下来，由进行战争开始转向从事商业和手工业制作活动。不仅如此，有些历史学家认为，北欧海盗的入侵，冲击了教会对于商业活动的禁锢，刺激了西欧经济的发展。他们极大地促进欧洲国家之间的贸易往来，将法国南部的葡萄酒大量贩运到北方去，再把北欧的毛皮和鱼类贩卖到西欧各国。挪威海盗对爱尔兰、冰岛直到格陵兰的殖民开发也起了重要作用。

海盗扩张，推动挪威在 600 年间完成文明化过程

大批挪威海盗把基督教文化逐步带回挪威。同时随着贸易的发展，来自欧洲各国的移民、商人和传教士越来越多地进入挪威。在外来文明推动下，挪威的文明程度从 9 世纪末开始迅速提高，逐步建立统一的封建国家，融入基督教欧洲的范围。那时出现了三个变化：

第一，8 世纪末，挪威还处于分裂的原始氏族社会。经过国王与贵族、贵族与农民争夺王位、财富、土地的各种冲突与战争，到 12 世纪初，统一的封建国家基本形成，出现了近一个世纪的和平时期。1260 年"王位继承法"的颁布，标志挪威封建制度的最终形成。12

世纪末，挪威一半以上土地控制在国王、100 多个大贵族和高级僧侣手中，农民还要向国王和教会交税。

第二，挪威引进基督教大约用了 200 年时间。欧洲传教士的传教活动，从根本上削弱了挪威人对北欧传统神祇的信仰。挪威几位国王借助教会巩固王权，也加速了基督教的传播。

第三，城市的兴起、外贸的发展。13 世纪以后，挪威出现了特隆赫姆、卑尔根、斯塔万格、奥斯陆等城市。最初的市民阶层主要由手工业者和商人们构成。

历史上几位有名的国王

在这 600 年中，挪威有几位国王在推动挪威文明化方面起了重要作用，留下不少传说，有的在挪威甚至家喻户晓。

9 世纪后期，在维京海盗对外扩张的鼎盛时期，"美发王"哈拉尔德酋长开始在挪威进行兼并战争。由于不少部落酋长和氏族贵族在扩张中移居海外或在战争中阵亡，哈拉尔德武装征服进展顺利。885 年，他在斯塔万格附近的哈弗斯峡湾决战中取得胜利，控制了挪威的东南部、南部和西部地区，统一了挪威，成为该国历史上第一位公认的国王，被人尊称为"哈拉尔一世"。据称，他曾发誓，如不能统一挪威永不理发，头发很长，因而得名"美发王"。

1015 年到 1028 年，奥拉夫·哈尔德逊国王大力推行基督教化，依靠教会把统治扩大到挪威内地山区和北方，定都中部城市特隆赫姆，建成了统一的基督教国家，死后被教会奉为"圣·奥拉夫"。他也是海盗王。关于他的死因有两种说法：一是被入侵的丹麦军队打死；一是因为残暴，被当地农民打死。传说死后遗体运到特隆赫姆埋葬，第二年被挖出时尸体未烂，毛发依旧，被安放在特市尼德斯大教堂的神庙里。1997 年 6 月使节旅行中，我们曾参观尼德斯大教堂。它华丽壮观，历任挪威国王均在此加冕，是北欧最大的教堂，也是欧洲三大教堂之一。

另一个有名的国王是哈拉尔德·哈德罗德。他是 1066 年 6 月率领挪威军在英国斯坦福桥战役中战死的最后一个海盗王。他年轻时为拜占庭皇帝当过雇佣兵,到西亚、非洲打过仗,回来后依仗积聚的财富,买下了挪威的王位。他1048年建立奥斯陆城,改变以前挪威一直以中部特隆赫姆为政治中心的传统。至今,他的石刻像被安置在奥斯陆市政厅的外墙上。

最后,介绍1217—1263年在位的哈康四世国王。他的贡献是多方面的,其中最大的贡献,是最终结束因王子们争夺王位而接连不断的内战,重新统一了全国。他在挪威建立完整的封建等级制度,并于1260年颁布了王位继承法。该法规定,国王在世时有权决定自己王位的继承人,从而结束了老国王离世后新国王由各地贵族组成的"庭"推选的历史。此外,哈康四世还建立了协助国王管理政务的国务会议。在他的统治下,中世纪的挪威进入鼎盛时期,将统治范围扩展到冰岛和格陵兰岛。他把古老的世袭贵族逐步改为由国王委派的行政贵族,王权得到很大增强。农民由自耕沦为佃农,但始终享有人身自由,这在欧洲中世纪是少见的。1217年,他与英王亨利三世订立第一个商约,促进了对外贸易。

14世纪后期,挪威沦为丹麦附属国,开始"400年长夜"

1350年,黑死病从英国传到挪威,使其人口损失1/3以上,2/3的土地荒芜,手工业和商业瘫痪,城市陷入萧条。在此后10年间,挪威贵族数量从13世纪300家减少到60家,已无力与丹麦、瑞典封建主对抗,在政治上附属于丹麦。1363年,挪威国王哈康六世与丹麦公主玛格丽特成婚,1370年奥拉夫出生。1380年哈康六世去世,年仅10岁的奥拉夫继承挪威王位,实际统治权落到母亲玛格丽特手中。玛格丽特不仅成为丹麦女王,而且被尊奉为挪威的"永久摄政王"。

在400多年中,丹麦对挪威进行政治控制和经济剥削。1397年建立的丹、挪、瑞(典)联盟,约定联盟外交、国防受丹麦君主玛格丽特女王指挥,挪威实力最弱,实际上成了丹麦附属国。1523年挪威贵族阿尔夫桑领导反抗丹统治的起义,遭到丹麦军队镇压,阿本人被诱杀。挪威一度被降为丹麦一个行省，挪威各地的行政长官和高级僧侣多数由丹麦人担任。丹麦国王将挪威土地当作私有财产分给丹麦贵族，甚至用来与苏格兰交换利益。17世纪在与瑞典战争失利时，丹麦多次把挪威国土割让给瑞典。挪、丹在经济上也有巨大不平等，如挪威出口到丹麦的生铁被人为地压价，而从丹麦进口的玉米价格高得让挪威人难以接受。

在挪威人民斗争压力下，特别是在其统治后期，丹麦也做了一些让步。如从1572年开始，丹麦在挪威设立"副王"职位，由丹麦国王派其亲信担任。16世纪末到17世纪中，丹麦国王克里斯琴积极推动挪威经济发展，赴挪威巡视30次。他在挪威开采银矿，建立铸币厂。1624年奥斯陆市发生大火后，他亲自赶往参与重建规划。为纪念他，奥斯陆改名为"克里斯蒂安尼亚"。此人至今仍在挪威有很高的知名度。1807—1814年的拿破仑战争期间，丹麦已不能从哥本哈根管理挪威，只能任命一个由驻挪威高级官员组成的政府委员会来实施统治。

1814年挪威陷入瑞典统治，开始91年争取国家独立的斗争

1813年底拿破仑战败后，英国等西方战胜大国于次年1月14日在挪威中部城市基尔开会，强迫支持法国的丹麦把挪威割让给参加反法国同盟的瑞典。历史何等相似乃尔！100多年后，1918年第一次世界大战结束后，英美法等西方大国于次年在巴黎决定，把德国在中国胶州半岛的权益转让给日本。巴黎和会这个决定在中国激起了"五四"爱国运动，成为中国反帝、反封新民主主义革命的开端。同样，基尔和约推动了挪威近代的民族独立运动。

挪威人民不甘心继续处于附属国地位，对大国强加予他们的《基尔和约》进行强烈反抗。1814年4月9日，来自挪威全国各城镇、郡区和军队的112名代表在埃德斯沃举行会议，为自己国家制订一部独立宪法。他们以法、美宪法为蓝本，经六周工作完成了宪法的起草。5月17日，挪威首届国民议会在埃兹沃尔召开。根据新宪法，议会宣布挪威成为独立的君主国，推选丹麦王子、前驻挪威副王克里斯蒂

安·弗雷德雷克为挪威国王，实行君主立宪制。这一天被挪威人视为建立现代民族国家的起点，至今一直是挪威的国庆日。

　　对于挪威宣布独立的行为，在西方大国支持下，瑞典迅速采取军事镇压。1814年6月，瑞典国王亲率七万大军侵入挪威。挪威临时政府仓促组织起三万武装人员迎战，经过短时间抵抗即告失利。同年8月14日，挪威宣布弗雷德里克国王退位，接受"瑞典——挪威联盟"，实行两国一主。挪威获得一定程度自主权，拥有本国宪法、议会、政府和征税权，但没有独立的军权、外交权和最高政治决策权。19世纪中叶，随着经济、政治发展，挪威要求与瑞典在联盟中享有平等地位。1827年，挪威提出参与联盟外交决策，允许挪威商船悬本国旗帜。1882年，瑞典作出让步，同意挪威可作政治决策，不再需瑞典国王批准，但外交权方面寸步不让。经过20年漫长复杂谈判，到1904年，瑞典最终同意挪威在海外设立领事机构，但仍坚持它们必须受瑞典外交部领导。1905年初，两国一度处于战争边缘，瑞典以诉诸武力相威胁，挪威军队开始动员，数千爱国人士奔赴边境，并出动强大海军进行威慑。在国际尤其是英国压力下，瑞典于6月7日同意就联盟解体进行谈判，但要求挪威先就独立问题举行公决。8月13日，挪威举行公决，几乎全票通过独立。10月26日，两国代表签字，挪威正式取得独立地位。

　　我之所以比较详细介绍挪威与丹麦、瑞典结盟的历史，是因为它对挪威人民的政治倾向至今还有影响。譬如挪威现代连续两次在全民公决中否决加入欧洲联盟，除经济因素外，也反映不少挪威人对外来力量通过"联盟"对其进行政治控制仍然心有余悸。挪威人今天对丹麦和瑞典的历史怨恨存在差异，对前者似已化解，而对后者仍耿耿于怀。不少使节都对我谈到这一点，而且我在与挪威人接触中也有这种感觉。如1997年9月，我们参加法国驻挪威大使为瑞典大使送行的宴会。晚宴结束前，一位挪威高官忽然站起来致辞，穿插一个故事奚落瑞典人。他说：有一次，一个挪威人死后进入天堂，天使圣彼得把他迎进去。看到里面已经坐着一个人，天堂里又唱歌又跳舞，又高声诵读欢迎那个人的赞美诗，挪威人不理解为什么对此人如此隆重，对他却如此一般。天堂里的人告诉他说："因为瑞典人来得很少。"类似挖苦瑞典人的事还时有发生，我们与一些朋友议论过这个问题，大家比较一致的看法是：丹麦对挪威的统治更多采取联姻、怀柔的手法，而且事情比较久远了；而瑞典人曾经动用武力扼杀挪威的独立，而且双方斗争又延续到现代，人们记忆犹新。

五年抗德战争，艰难、光荣的历史一页

挪威在抗德战争开始前存在轻敌麻痹的教训。二战爆发后，挪威于 1939 年 3 月宣布中立。虽然从国外增购一批军备，但政府总的比较大意，从国外运来的战斗机有些连箱都没有打开，海岸防御工事有一半无人驻扎。1940 年 4 月，驻柏林的一位荷兰武官向当地的挪威公使馆通报了德军可能进袭挪威的动向，但挪威当局无人把此信息当回事，甚至 4 月 5 日德国部队运输船里约热内卢号在挪威南部海岸被击沉，大批德军士兵和马匹漂浮海面，也没有引起奥斯陆的任何反应。4 月 8 日深夜，德国布鲁歇尔号军舰沿着奥斯陆湾偷偷开进，在离首都仅几十公里的奥斯卡堡被挪威守兵发现，并侥幸用老式枪炮击中，船上所有人员都随船一起沉没海底。实际上，这一事件挽救了挪威国王、议会和政府，因这艘德国军舰夜袭挪威的任务是进驻首都，船上载的全是负责接管的德国行政人员。

9 日清晨，挪威议员在议长汉布罗召唤下采取果敢行动，冒着德军轰炸，撤到奥斯陆东北小城艾佛卢姆举行会议，完成建立抗德政府的立法程序。10 日，哈康国王不顾希特勒派来的劳工部长的威逼，不承认吉斯林傀儡政府代表合法政府，拒绝向德国投降，号召人民起来抵抗。11 日，挪威参谋长鲁格上校提升为上将，负责指挥军队作战。许多志愿人员从各地滑雪穿过森林前来参军，沿途阻击德军，延缓了敌军前进速度。挪威军主力第六师坚持战斗 62 天，直到 6 月 7 日因盟军撤出孤立无援而停止战斗。

挪威流亡政府总部设在伦敦海德公园金斯敦大厦。它重建了挪威陆军和海军，志愿人员组成一个旅，军舰达到 52 艘。挪威商船队有 1 000 多艘，总吨位 400 万吨，响应国王号召参加抗德战争，为盟国军

事运输服务，但半数以上被德军击沉，3670多名海员英勇献身。英运输大臣贝克说："挪威商船队为盟国战争取得胜利所做的贡献，抵得上100万军队的作用。"

国内武装斗争的主力是农村地区的"森林里的孩子"，除农家子女外，还有许多高校学生。到1945年，他们发展到4万多人。二战中，不仅挪威驻英国和瑞典的军队配合盟军和苏军参加战斗特别是反攻阶段的战争，而且挪威人民在德国占领区的斗争直接牵制了大量德军，1945年5月德军在挪威投降时，其数量竟达40多万。尤其值得一提的是，1943年，挪威游击小分队捣毁了德国设在挪威中部山区的重水厂，否则这个厂有可能帮助纳粹造出原子武器。挪威这个小国为二战胜利也作出了重大牺牲。有1万多人在战争中丧生，4万人被德占领军投入监狱和集中营。由于德军撤退时采取的"焦土政策"和战争后期的大规模空袭，挪威许多城镇受到严重破坏。

为了让人们铭记这场抗德战争，挪威注意保留有关纪念地和象征物。如开战时遭德军军舰偷袭的奥斯卡堡老炮台旁，屹立着当年命令开炮的挪威城堡司令的铜雕塑像，我们曾到那里瞻仰。在中部最大的海港特隆赫姆市的码头上，一座高大的海员全身铜塑像耸立岸边，纪念二战中捐躯的几千勇士。尽管挪苏关系战后一直不好，但奥斯陆附近苏联红军墓前，我看到不时摆放着美丽的鲜花。最为突出的是，在首都市政大厅四壁墙上的大幅油画，内容都是揭露纳粹德国侵略挪威的场景。这里每天都有不少人来参观，让挪威的子孙后代和世界上善良的人们都来记住这段悲壮的历史。

每个国家都会出现民族叛徒，不过挪威这个败类尤为臭名昭著，他就是吉斯林。这个人推崇希特勒，二战前就支持建立欧洲"新秩序"，并在挪威鼓吹纳粹主义和排犹思想。1940年4月9日，德国入侵当天，他就出面组织傀儡政府——"民族政府"。他在纳粹占领期间，镇压挪威抗德人士，是把千余名犹太人关入集中营致死的罪魁祸首。1945年10月，吉斯林作为挪威的主要战犯被处死。"吉斯林"一词在欧洲已成为民族叛徒的通称。

享誉世界的名人

挪威有一些世界闻名的人物，既有文化名人，也有探险家和政治家。在他们身上，某种程度上反映了这个国家的历史、传统和特点。

文化名人

挪威有三位世界级文化大师：戏剧家亨利克·易卜生、作曲家爱德华·格里格和画家爱德华·蒙克。我在挪威期间曾到过他们的家乡，参观过有关博物馆，对他们的情况有些了解。

戏剧大师易卜生

中国人对易卜生是比较熟悉的，我年轻时也看过一些他的作品，印象很深。易卜生对中国"五·四"前后的新文化运动影响很大，鲁迅、陈独秀、胡适等主将都大力介绍过他的作品。他作品中的一些人物如《玩偶之家》中的娜拉，在中国可谓家喻户晓。我在任期间，挪威国家剧院为配合首相布伦特兰夫人访华，在北京上演了《群鬼》；我中央实验话剧院在挪威参加了易卜生国际话剧节，演出《人民公敌》。1994年，我国人民文学出版社在挪威有关部门帮助下，出版了《易卜生文集》八卷本以及《易卜生研究论文集》。前驻华大使白山送给我一套，我拜读了其中一些文章。1996年8月，我还有机会到易卜生故乡参观。通过这些，我对易卜生及其作品有了进一步了解和认识。

我觉得易卜生的性格与作品有两个特点：一是反抗性。他生于1828年3月，殁于1906年5月。他成长的19世纪中后期，挪威正进行反对瑞典统治、争取民族解放的斗争，同时挪威处于封建社会后期和资本主义初期，反封建斗争也正在兴起。作为自由民的挪威农民在这些斗争中占有主导地位。而易卜生这位"自由民之子"，其作品反映了挪威小资产阶级的"革新精神和独立性格"，具有反封建残余、反资产阶级贪婪庸俗的双重意义。《玩偶之家》里的娜拉敢于迈出夫权至上的门槛，感动了世界千千万万寻求社会公正和妇女解放的人们；斯多克芒医生在《人民公敌》中喊出"世界上最有力量的人是孤立的人", 激励了处于少数的先进分子起来反对强大的统治力量和传统势力。这种反抗性, 反映弱者呼声, 揭示社会不平, 在当时中国产生共鸣, 对于 20 世纪初处于半封建半殖民地的中国产生巨大影响。二是善于解剖人生。易卜生认为他写《玩偶之家》不是为了推动女权运动, 而是为了"描写人", 揭露海尔茂这样口是心非的伪君子, 使人们认识自己。他在《培尔·金特》中鞭挞主人公的利己主义和见风使舵, 揭露潜在于人灵魂深处的那种自高自大和邪恶念头。他认为, 这些既是挪威人的缺点, 更是自己的缺点。一位中国文学评论家指出, 剧作家 130 年前这种严于解剖自己的精神, 令观众看后震惊和思索, 得到教益和启示。如何在人生十字路口抵挡向你招手的种种私欲的诱惑, 真正做到无愧无悔, 即使对于今天正在进行物质文明和精神文明建设的中国人, 仍有强烈的现实意义。

易卜生的反抗性, 同他的经历包括青少年时代的遭遇很有关系。1996 年 8 月, 我们参加斯塔万格国际石油大会后返回首都的路上, 顺道访问易卜生故乡希恩市。这是个南部小城市, 坐落在沿海地区少有的小平原地带。田野一片葱绿, 偶尔有几点红色的小农舍散落其间, 风景同奥斯陆山城相比, 别具特色。这里人口才四万多, 主要工业有木材加工、电子机械等。市内没有高大的楼房, 多是两三层风格各异的小楼。楼前都有绿地, 鲜花盛开, 整个城市整洁秀丽。游览市容后, 我们便到市郊参观易卜生故居。他住的房子是一排很普通的木屋。经介绍和看了实物展示后才知道, 该房不是他的出生地。易卜生是 1828 年在希恩市出生的, 当时他父亲是个富裕的木材商人。1836 年, 父亲因经商失败而宣布破产, 全家被迫迁到这套他过去作为夏季别墅的小木屋。此后 8 年间他们的社会地位急剧下降, 日常生活发生困难。家庭环境的变化以及人情势利的社会风习, 都在幼小的易卜生的心灵上留下很深的烙印。他 1857 年写的《野鸭》剧本, 描写他们住在这房里所过的清贫生活。1843 年, 15 岁的易卜生告别父母弟妹, 独自到一家小城的药店当学徒, 六七年间, 他认识了"体面的市侩们"的庸俗、狭隘和自私, 看到了资本主义社会贫富之间的尖锐矛盾。他白天干各种杂活，晚上自学文化，特别喜爱莎士比亚、歌德和拜伦的作品。1850 年起，他在首都克里斯蒂安尼（奥斯陆）从事报刊编辑和文学创作工作，抨击时弊，表达小资产阶级知识分子争取民主、反对暴政的自由思想，但多次遭到资产阶级政客和自由主义分子的攻击，1864 年后长期侨居国外。尽管他在文学方面取得如此高的名望，易卜生却未获得诺贝尔文学奖，据说原因是瑞典皇家委员会认为他的作品太悲观。易卜生一生坎坷不平，屡遭冷落围攻，这是他的作品崇尚个性、有时批判偏激的一个原因，部分挪威人甚至认为他的作品丑化挪威。易卜生 1891 年回国定居，晚年很不幸，长期重病，1906 年 5 月病逝，挪威为他举行国葬。

易卜生已成为中挪文化交流的纽带。我们参观易卜生故居时，在一间被辟为易卜生的生平小展室中，意外发现有一部分专门介绍易卜生在中国的影响，里面可以看到 1956 年中挪戏剧界人士在北京合作演出《玩偶之家》的许多剧照，包括当时扮演娜拉的中国话剧名演员冀淑平的照片。它们将永久展示在简朴的易卜生纪念室里，我们感到非常亲切。就在 1996 年 9 月，中央实验话剧院院长赵友亮率领剧组来挪威演出易卜生的《人民公敌》，受到挪威观众的热烈欢迎，冀淑平本人也应邀同行。在使馆为我国话剧院来挪威演出举行的招待会上，我还结识了易卜生的曾孙，他在 1978 年至 1982 年曾出任过驻华大使。

作曲家格里格

格里格是挪威著名的作曲家，生于 1843 年，1907 年去世，享年 64 岁。他一生写过 66 首钢琴曲，100 余首歌曲。同时他还是一位钢琴师和指挥家。他的名曲《培尔·金特组曲》和《A 小调协奏曲》优美动人，在中国和世界有许多喜爱者。

他与易卜生是同时代的人，但一生比较顺利。他出生在挪威第二大城市卑尔根的一个商人家庭，母亲是音乐教师，从 6 岁起随母亲学音乐。15 岁那年，他弹奏的琴声被当时有名的小提琴家沃伦听到，沃伦认为格里格在音乐上前途无量。在沃伦推动下，征得父母同意后，格里格来到当时欧洲最好的德国莱比锡音乐学院深造。四年后，又到丹麦学习两年。在那里，他与他的表妹妮娜相爱，她是一位歌剧院演员，格里格为她写出歌曲《我爱你》，后来二人结为伉俪，成为终身伴侣。在哥本哈根期间，他还结识了挪威国歌作曲者挪德洛克，此人1864年回奥斯陆，当上交响乐队指挥。1869年格里格一家移居罗马，在那里逗留八年，其间他结识了匈牙利音乐家弗朗兹·李斯特。1877年在祖国召唤下，他重返挪威，并在哈丹格尔定居下来，但仍频繁出访其他国家举办音乐会。格里格在作品里大胆采用挪威的民歌旋律以及一些民族乐器，受到热烈欢迎。他珍视友情，1866年，作曲家挪德洛克去世，他悲痛万分，创作了《丧礼进行曲》。他应朋友易卜生的请求为《培尔·金特》作曲，还为挪威诺贝尔文学奖得主比昂松创作了《西戈·尧塞尔发》的音乐。1885年，他在名曲《培尔·金特》和《A小调协奏曲》获得成功后，在卑尔根市的特罗豪根（意为巨人山）小山顶上购置了新的住宅，在那里与夫人妮娜一起生活、工作了22年。1907年9月4日格里格逝世，举行葬礼那天，卑尔根万人空巷，人们痛悼这位"用音乐形式表达众所认同的思想和激情"的伟大音乐家。

　　卑尔根是挪威的经济、文化名城，风景优美，我和夫人多次前往参观访问。格里格故居坐落的特罗豪根山位于市郊8公里处，我们自己或陪同领导人多次瞻仰。故居陈列室的图片、实物使我们对格里格的生平有了更多了解，而故居完全保留原来的风貌生活气息浓厚，给我们留下的印象尤为亲切。故居是一幢两层木楼，就在小山顶上，依山临海，环境幽美。一进楼房，原色的地板墙板，给人一种自然纯朴的感觉。进门右拐是厨房，这里放着格里格夫妇陈旧的箱子，那是他们夏日外出旅游时的行李。梳妆台前一只精巧的镜框内，嵌着一缕格里格花白的头发，也许就是这缕头发伴随着比格里格年轻两岁的妮娜度过没有格里格的28年。放置在饭厅里的一尊格里格半身塑像，是挪威著名雕塑大师维格朗的作品。宽敞的会客厅里，有一架格里格留下的钢琴。当年格里格弹奏新谱的乐曲，妮娜在一旁吟唱，两人一起议论修改的场景，不禁出现在人们眼前。1996年江泽民主席来参观时，也在这架钢琴上即兴弹奏了几支曲子。这里还陈列着许多小摆设，其中一只特殊橡胶制成的小青蛙，是格里格最喜欢的吉祥物。据说，格里格每次演出前，总要把小青蛙放在口袋里擦几下，使自己安静下来。走出别墅，前面是一望无际的大海，碧波万顷；回望屋后，峡谷里翁郁的树林随风婆娑，涛声清风里仿佛又传来阵阵悦耳的动人乐曲。我们深感，这样幽雅的环境定然给音乐家带来无尽美妙的灵感。下山时离故居不远的路边石崖前，见到一方青碑：这就是格里格夫妇的合葬墓。这地方是格里格生前选定的，妮娜逝世后二人就合葬于此，永远相伴。

画家蒙克

蒙克 1863 年 12 月生于勒顿，是挪威 19 世纪末、20 世纪初著名的画家。

蒙克被誉为"表现主义之父"。他说，他的画不是所见之物，而是感受到的东西。他借绘画表现内心的感受。他作品主题是爱、恨、痛楚和死亡。19 世纪末，蒙克频繁旅行于法国、德国等地，受波德莱尔影响很深。在这个时期，他创作了一生最伟大的作品，其中最有名的就是《呐喊》。在这部作品里，他宣泄了一种极度痛苦、绝望的心态。画中的每个事物都是扭曲的，象征现代人在工业文明压抑下扭曲的心灵。后来我了解蒙克的不幸身世后，对这幅画的背景有了更深的理解。一位艺术家的经历尤其是童年生活，往往对其创作产生重大影响，蒙克也是如此。蒙克少年时体弱多病，母亲和姐姐很早就去世了，酗酒的父亲经常打骂他。这段辛酸的回忆，给蒙克日后的画作留下了深深印记。

蒙克在绘画中善于运用光线。如 1884 年的作品《早晨》，表现一位半裸少女清晨坐在床头的场面。由于对窗外透洒进来的阳光运用出色，这幅主题普通的画作带上了圣灵气息，栩栩如生。我对绘画不内行但喜欢看画，看了这幅画，的确感到眼前一亮，至今依然印在脑际。

第一次世界大战后，由于长期劳作酗酒，他的健康遭到摧毁，患了精神分裂症，加上眼病，几乎隐居。这个阶段，他的作品更多是风景画，表现平和、协调的主题。蒙克经常在法国、德国举办画展，但从 1940 年纳粹占领挪威后，他拒绝了与德国政府的联系。1944 年他逝世前，将所有作品、收藏都捐献给奥斯陆市政府，包括 1200 幅油画、7500 幅素描和 6 座雕像。

著名探险家

挪威是个航海国家。挪威人富有冒险精神，他们百折不挠、不怕牺牲的态度令人钦佩。其中，具有代表性的人物有三位：

第一位是**莱夫·埃里克松**。传说这位挪威人为了证实冰岛商人阿比尼海上迷路后看到格陵兰以西远方有一片山峦起伏、森林茂密陆地的说法，于公元 1000 年左右买下了阿比尼的船，从格陵兰出发，向西寻找新的土地，并在西北海岸三次登上陆地，时间比哥伦布发现新大陆早了 500 年。据说埃里克松第三次登上的土地可能是文莱，但因与当地土著人发生冲突，埃里克松本人后来一直下落不明。尽管如此，美国官方正式承认埃里克松是美洲新大陆的发现者。

第二位是**罗阿尔德·阿蒙森**。他 1872 年生于挪威南部萨普斯堡，比挪威另一位探险家南森年轻 11 岁。1911 年 12 月 14 日，他历经千辛万苦，与四名伙伴一起首次将挪威国旗在南极上空升起。1926 年，阿蒙森与美国人埃尔斯沃思和意大利人诺比尔三人，共同领导了从斯瓦尔巴德岛乘"挪威"号飞艇飞越北极前往阿拉斯加的探险飞行。这次飞行填补了世界地图上最后一个空白点。1928 年诺比尔乘"意大利"号飞艇进行第二次北极飞行时，探险队失踪。阿蒙森参加寻找飞艇的搜救队，后来诺比尔获救，而阿蒙森与他的伙伴却再也没有回来。阿蒙森为极地探险而生，为极地探险而死。

第三位是**图勒·海耶达尔**。他生于 1914 年，卒于 2002 年，是挪威最负盛名的现代探险家。他为验证古代人横渡南太平洋，三次坐原始船进行实航。1947 年，他模仿史前南美印第安人，建造一艘软木筏——"康奇基"号，率领五名探险队员，从秘鲁出发，海上漂流 101 天，航行 8000 公里，战胜各种艰险，抵达太平洋里的玻利尼西亚群岛。1969 年，他又率领挪威考古队坐上仿制的古埃及芦苇船，从摩洛哥萨菲港出发，用两个月时间航行 6100 公里，横渡大西洋抵达巴巴多斯，证明这种古埃及的船有漂洋过海的能力。1977 年，为了证明古老航海路线的推论，他再次乘坐芦苇船航行，了解大约公元前 3000 年美索不达米亚苏美尔地区与中东、非洲东北部以及巴基斯坦之间的海上贸易与文化联系线路。对于这些航行，挪威博物馆里通过屏幕录像和实物展示，再现了当时情景，非常逼真。海耶达尔研究古代航海，采取如此严谨认真态度，值得人们学习。

政治名人

现代挪威有着多位享誉世界的政治家。如**弗里德约夫·南森**，他既是科学家和极地学者，又是艺术家和政治家。早在 1893 年，他驾驶自己设计的帆船"前进号"穿过北冰洋，抵达比以往任何人都更接近北极的地点。1904 年他带头支持挪威米切森政府通过政治谈判，从瑞典统治下争得政治独立。1920 年挪威参加国联后，南森又积极参与遣返第一次世界大战中战争难民和解救苏联早期大饥荒的工作，因此被授予诺贝尔和平奖。另一位**吕格伟·赖伊**，1940 年德国入侵时，他面对强敌，以外交大臣名义下令所有挪威船只一律驶往盟国港口。随后他被任命为挪威流亡政府外交大臣，直至战争结束。1946 年他当选为联合国首任秘书长。赖伊是最早提出恢复中华人民共和国联合国合法席位的西方政治家之一。1950 年，他致函 59 个会员国，建议解决中国在联合国的代表权问题。后因朝鲜战争爆发，他的斡旋活动被迫中断。

我这里想着重介绍挪威前首相**布伦特兰夫人**的生平、对世界环保的贡献，以及她的思想、风格和个人生活。

布伦特兰夫人 1939 年 4 月 20 日出生于奥斯陆一个政府官员家庭。她父亲早年学医，后弃医从政，成为挪威社会民主党的资深政治家，担任过社会事务大臣和国防大臣。母亲也是一位活跃的社会活动家。受父母影响，她学生时代就积极投身政治活动。在大学期间，她与政见不同的保守党人、研究国际问题的学者阿尔内·奥拉夫·布伦特兰结婚。1965 年，她以公共卫生硕士身份进入政府卫生部门工作，并积极参加工党的活动。1974 年，她出任工党政府环境保护大臣。1975
年任工党副主席，此后不断在议会担任要职，1981 年首次当选工党主
席。1981 年，工党首相努利因病提出辞呈，在工党大会一致推举下，
42 岁的布伦特兰夫人接任首相职务，成为挪威独立以来第 21 位首相，
并四次连任，先后达 10 年久。1987 年布伦特兰夫人领导的联合国环
境与发展委员会向联大提出一份工作报告，其基本指导思想后被纳
入了 1992 年里约热内卢首脑会议发表的可持续发展战略宣言之中。
1992 年，在社会党国际 19 次代表大会上当选第一副主席。1996 年 10
月辞去首相职务。1998 年 7 月至 2003 年 7 月任世界卫生组织总干事。
她在现代世界政坛上与撒切尔夫人、英·甘地夫人合称为"三女杰"。

　　布伦特兰夫人在管理国家特别是发展经济方面，取得国内外公认
的突出成就。我想补充的是：她在 1994 年下半年挪威参加欧盟公决
风浪中，镇定自若，能进能退，显示出政治家风度。布伦特兰夫人和
挪威工党从世界大势和挪威国家利益出发主张加入欧盟，但是最后公
民投票，入盟被微弱多数否决。有些外国观察家估计，工党政府可能
会出现不稳，甚至下台。但面对挑战，布伦特兰夫人沉着应战，领导
工党政府调整政策，争取群众，稳定了局面。在她领导下，工党政府
一方面宣布接受公决，挪威不加入欧盟，同时与欧盟谈判，尽可能保
持密切的经济联系，并扩大同欧盟外国家的经贸合作，力争减少损失，
避免孤立。特别是她接受挪威企业家的意见，提出"亚洲构想"，出
访中国，到亚洲寻找新的广阔市场和投资场所，从而变被动为主动，
使挑战成为机遇。这些战略步骤受到了国内群众的欢迎和支持。

　　布伦特兰夫人对世界环境保护和发展功不可没。她从 1974 年担任
大臣开始，一直重视国内环保工作，并取得举世瞩目的成绩。当时她
就认为，不善待自然人类会遭殃，提出"环保立国"，建设"绿色挪威"。
但是邻国的工业污染所导致的酸雨，对挪威树木、鱼类的生长，特别
是人民的健康造成严重危害。布伦特兰夫人深切感到，保护环境是全
球事业，只靠一个或少数国家的努力不可能完成。因此，1983 年 12 月，
当联合国秘书长提名布伦特兰夫人为联合国环境和发展委员会主席，

负责处理全球的环境问题时，她明知任务艰巨，还是迎难而上，勇敢接受任命。在她领导下，经过三年努力，这个委员会于1987年提交了《我们共同的未来》这个著名报告。经过1992年世界特别首脑会议的支持和推广，报告中提出的基本思路与原则，如环境问题涉及世界各国几代人的利益，要有长远规划；人口资源、环境和发展不可分割，要通盘考虑；发达国家与发展中国家应广泛合作等，已日益为人们所接受，并且逐步变成现实。现在，环境和发展问题已经成为全球事业。

1998年5月，布伦特兰夫人在世界卫生组织180个成员中获得166票，以绝对多数当选为该组织总干事。她在就职讲话中，把大力消除贫困、救治疟疾患者以及反对烟草工业对人体的危害作为今后工作重点。她的讲话被11次热烈掌声打断。

她致力于挪中友好事业，尤其在帮助中国改善环境方面给予特别的关注。

布伦特兰夫人从医帮助从政，主张预防重于治疗。布伦特兰夫人在处理国内事务时有一重要特点，即从现实出发，注意长远效果，尽量把工作做在前头。如在她倡议下，挪威较早建立石油基金，以保证将来后石油时代养老之用。她还推崇预防外交，提出对于亚非地区的冲突，最好采取预防措施，把问题解决在萌芽状态。布伦特兰夫人这种独特风格形成的因由，在她1995年11月访华时的一次讲话中找到了答案。那天，根据她本人的愿望，中方安排她参观北京医院。那次我看到她很高兴自在，因为这里没有官方礼仪，而能与医务界同行自由交流。在欢迎会上，布伦特兰夫人从医生角度畅谈了自己从政的感受。她说从政前当过六年医生，懂得预防比治疗更为重要。因此在从政期间，她注意着力寻求导致问题产生，特别是危机爆发的各种潜在因素，提前予以处置，防患于未然。她说，医生对病人讲究全面调理，综合治疗；做经济工作也须把握全面，综合治理。此外，做医生必须对症下药，当政治家应调查清楚再做决定。我当时聆听她的讲话，联想到她科学管理经济的经验，通盘考虑环境、发展问题的主张，以及她日前向我领导人提出的环保宜早抓、抓紧的建议，深知今天这个从

医帮助从政的讲话，不是即兴之作，面是有感而发，是布伦特兰夫人几十年处理内外事务经验的一个深刻总结。

布伦特兰夫人遵守法规，平易近人，亲民爱民，例子很多，不再赘述。最后想补充一点，她曾坦言当高官不能过平民生活的苦衷，表露出希望过平民生活的心情。布伦特兰夫人和她的丈夫非常爱自己的孩子。有一年，大儿子到中部城市特隆赫姆上大学，提出买辆摩托车做交通工具，他俩认为骑摩托车不安全，就把自己的汽车送给孩子。对布伦特兰夫人生活中最大的打击，莫过于 1992 年秋小儿子因精神病自杀身亡。她因自己由于公务未能给这个孩子更多照料而感到内疚，悲痛之余决定辞去工党主席职务，但为事业默默忍受失子之痛，继续担任首相直到 1996 年 10 月。1998 年初，她发表的回忆录中有这样一段话："因为工作忙，与孩子相处少，觉得于心不安，也非常想念他们。偶尔同孩子一起外出购物，也受到别人注意。因此，我尽量让周末空出来与家人在一起。"布伦特兰夫人每年规定两次全家团聚，一次去森林烧烤，一次上山滑雪。这是她一年最惬意的时光：暂时把政务、烦恼放在一边，回归自然，与家人在一起，在温馨气氛中观赏野外美景，自由聊聊家常，尽情享受天伦之乐。

日常接触遇到的人和事九则

我在挪威的亲历到此就要结束了。最后记述一些我和夫人同挪威各界人士包括华人朋友日常接触中看到、听到的情况。这种交往不仅有助于加深彼此了解，而且也增加了我们的见识。

（一）克努德森夫人

工商大臣克努德森夫人是挪威著名的政治家，足智多谋又平易近人。我国领导人访问时，她多次陪同，对中国比较了解。1996 年 7 月 6 日至 7 日，她和丈夫请我们夫妇去他们家乡阜尔根市海滨别墅过夜，并于次日上午坐华人的小游艇出海观景。她丈夫是当地经营房地产的商人。我们一起度过了这个夏天一段短暂美好的时光。

　　我们是 6 日傍晚抵达他们别墅的。这座别墅是大臣母亲留下来的，坐落在海边一个小岛上，面积不大，百把平方米，但很舒适。进门是两间相对的小卧房，一间盥洗室，厨房和饭厅紧连客厅。客厅比较宽敞，落地大玻璃，可以遥望海景。厅内有大壁炉，两套沙发，一架电视机和卡拉 OK 设备，款式不新，但都很实用。晚饭后，我们在屋旁小草坪上聊了一会儿天，进一步了解大臣的身世。她父母均是工党元老，父亲是卑尔根市工党工会主席，母亲是工党妇联主席。不幸他们去世较早。大臣 1940 年出生，自小在工党、工会的爱护下长大，活跃于工党活动中。师范毕业后，开始从事残疾人教育，当过中学校长和学监。从 80 年代起，担任郡（省）和全国工党妇女和工会的领导职务。1979 年到 1981 年当过一段教育部国务秘书，1992 年正式入阁任社会事务大臣，1994 年起担任现职。交谈中，不知不觉夜色渐浓，海风带来一丝凉意，我们遂告别主人回小屋就寝。窗外银色的月光，屋旁轻微的涛声，陪伴我们进入梦乡。

　　第二天早上，华商许氏兄弟同我们一道出游。两兄弟 30 来岁，大

1996 年 7 月 7 日，在卑尔根市，朱应鹿大使夫妇与挪工商大臣克努德森夫人（左二）在海滨别墅阳台上合影（右一为大臣丈夫）

臣 20 多年前作为校长和学监带学生体验生活，常到许家父母开的饭店劳动，开始认识这两个小青年并看着他们成长，许家兄弟对大臣尊敬、亲切。那日天气晴朗，海阔天空，微风轻拂，波光粼粼。我们荡漾在海面上，一面欣赏美景，一边轻松交谈。大臣长期在挪威工党里生活和工作，深受社会民主主义影响，非常重视民主与社会公正，对我国贫富悬殊问题表示关切；还直言香港社会铜臭给她印象不佳，希望香港回归后，中国不要变成香港。我们做了解释和说明。当时我国正在进行加入世贸组织的谈判。她表示为了有利于中国成功加入，希望我们在谈判策略上有所调整：一是先定原则，再谈细节；二是区别看待其他西方国家和美国。作为朋友，她谈话坦率真诚，令我们非常感动。

小艇船舷两侧挂着一串串钓钩，我们不时去甲板上拉动、观察。我夫人运气好，拉上了一条大鳕鱼，许氏兄弟马上在后舱动手烹煮，鱼味鲜美。大家大快朵颐，在笑谈中半天时光很快过去了。

1994 年 5 月，挪威船级社总裁尤乐林（前排中）陪时任中国全国政协主席李瑞环（左一）游奥斯陆港湾（前排右一为朱应鹿）

（二）尤乐林

挪威船级社总裁尤乐林是我们结识的又一位经济界人士，高高的个子，一头银发，彬彬有礼，一派学者风度。我国家领导人访问时，他多次陪同参观挪威船级社。江主席访问时他全程陪同，还在去外地的飞机上同江主席讨论庄子哲学。挪威船级社是世界第三大船级社，在他积极推动下，将其亚洲总部从新加坡迁至上海。

尤乐林不仅是挪威船级社总裁，而且还是一些大公司监管会的负责人。他精通业务，是海运方面的管理专家。每次我们领导人参观总部，他都亲自介绍有关技术系统和设备，如数家珍。1996年7月3日，他请我和夫人到他家里作客。我们了解到他父亲是一位工程师，作为国际电信联盟专家曾到过世界各地。他本人因此年轻时就去日内瓦上学，后来由于工作关系到过许多国家，见多识广。他喜爱读书，我们看到其家中书柜内藏书甚丰。他为了加深了解中国，还在自学中文。

更为可贵的是，他是一位具有战略眼光的技术专家。早在1994年中，我到挪威不久，当时挪威全国正在就是否参加欧洲联盟进行大辩论。他在一次我的家宴上主动对我说，从经济发展大势看，挪威应该参加欧洲联盟。他还坦率地说，挪威商人通常都倾向保守党，不喜欢作为社会民主派的工党，但他本人对现任工党首相布伦特兰夫人印象良好，因为她主张开放，务实敢干，她的政策对挪威有利。1995年中他告诉我，1994年底挪威公民投票否决加入欧盟后，他与一些工商界人士向布伦特兰夫人首相进言，向亚洲开拓市场，解决国内就业问题。首相接受这个建议，于1995年初提出亚洲战略，并决定访华。他还向首相提出与亚洲国家开展经济合作，要提供技术，做到互利。同年11月，作为船级社总裁，他与一些公司负责人随同首相访华。以后我们成为朋友，他多次就发展两国经济关系提出建议，对我很有帮助。

（三）尤约翰牧师和赖伊·贝格

挪威是航海国家。公元800年左右维京人就开始远洋航行，曾经到过君士坦丁堡（今伊斯坦布尔）等地，但是否到过唐朝的中国，历史上没有记载。只知道有个叫哈德森的挪威牧师，17 世纪中后期从印尼到过中国，回挪威后写过一本《东亚游记》。一般认为挪威海员、商人和教士是踏上中国领土的先驱者。

在挪威有一批传教士的后代，他们的父辈 20 世纪 20 到 30 年代在中国传教，他们本人出生在中国，并在中国生活相当一段时间，对中国比较关心、友好。我们结识了一位尤约翰牧师，他除了教会工作外，经常组织教友到中国旅行，与我们接触较多，相互比较了解。1998 年 4 月 18 日，他和夫人陪同我们去访问他们南方波什格伦市的老家。上午离开奥斯陆，向东南行。路上他告诉我们，挪威教会最早和中国发生关系是 1887 年，当时有两位修女从英国而不是直接从挪威去中国。此后挪威许多宗教团体去中国传教，地域分布在湖南、四川、河南、陕西等省份，他父亲 20 世纪 20 年代在陕西安康传教。尤牧师还给我讲他父母相爱在中国成亲的故事。他说母亲是居住在美国的挪威侨民，20 年代末有一次回国探亲，一次偶然机会与他父亲相识，二人很快坠

1998 年 4 月，朱应鹿大使夫妇探望尤牧师南方老家时的留影（ 中间是尤牧师母亲，左立者是尤本人 ）

入爱河。但不久，一个回美国，另一个回中国传教，天各一方。1929 年，他母亲毅然决定赴华与其父相会。她历经艰辛，从美国到欧洲，经莫斯科，穿过西伯利亚，辗转九个月来到陕西安康和他父亲成婚。尤牧师有两位姐姐，他本人生于 1938 年，1940 年到 1949 年生活在安康，新中国成立后回挪威上学。

交谈中汽车穿越高山，绕行大海，掠过平川，恍惚间经过四个多小时的行程，在午后淡淡的阳光下，我们到达了尤牧师的老家：一幢两层的白墙红瓦住宅掩映在绿树环绕的小花园中，屋前还有一个用蓝色马赛克砌成的小喷水池。整座宅第是尤牧师祖父和父亲 1937 年花一年时间自己动手盖起来的。走进屋去，客厅宽敞明亮，一面墙上装饰一组他们回国时陕西安康教徒赠送的四季彩色挂屏，另一边挂着一幅反映 1926 年安康当地乡土景色的油画。在这种中国氛围里，沙发上坐着一位老人，满头白发，精神矍铄，她就是尤牧师 96 岁的老母亲。她一见我们非常亲切，几十年未讲中文竟然没有忘记，兴奋地用带着陕西口音的普通话和我们沟通起来。她在中国时安康十分贫穷，尤家每天必有一顿吃苞米糊。因此她很关心地问我们，现在中国人能吃饱吗？我们介绍现在情况已经大变，绝大多数人的温饱问题已经解决，听后她高兴地连声说："很好，很好！"我们送给她一个内画寿桃，她一再表示感谢。就在这次会晤后不到半个月，老人逝世了。尤牧师表示，她在离开人世前还能遇到中国朋友，也算了结了她的中国情结。现在尤牧师一家生活幸福，他的夫人和 5 个女儿（我们戏称五朵金花）都学过汉语；尤牧师的择婿标准是懂汉语或对中华文化有兴趣。现在这些年轻人都在大陆和港台工作。

我们在挪威还认识一位名叫赖伊·贝格的家族企业家。他在挪威开设的冰箱和汽车干燥器的工厂，技术居世界领先地位，在意大利、英国都有分厂。经我们帮助牵线搭桥，他在中国吴江也办一个分厂，后来迁至无锡。因此，他们全家多次访问中国，对中国印象不错，成了中国的朋友。一次他同我们聊天时谈到，他决定去中国办厂，同传教也有关系。他说：他父亲当过挪威宗教事务大臣，年轻时是信义教徒，

到美国受训，本打算去华传教，因生肺病未能成行。他今天到中国办实业，是以另一种方式实现父亲去中国的夙愿。

（四）领养中国孤儿的挪威人

挪威人有领养外国孤儿的传统。我在任时，他们领养中国儿童的家庭有 200 多个，儿童达 450 多人。从 1994 年开始，每年使馆都请领养中国儿童的家长带着孩子来使馆聚会一次，每次四五十家，聊聊天，吃吃中国饭菜，有时还放映一些中国儿童片，临走送一些小工艺品。儿童大的六七岁，小的仅八九个月，大多来自湖南、四川、江西、安徽、江苏等地的孤儿院。有时抚养中国儿童的家长在外地开年会，我们驱车几百公里去参加，他们看到中国大使夫妇如此重视与他们联系很感动；看到家长们非常认真地讨论如何抚养中国孩子，包括解决他们上小学的新问题，我们也很高兴。挪威对申请领养外国儿童的家庭，从经济收入到身心健康，都进行了严格审查。领养中国儿童的家长大多属中等家庭，如旅馆经理、公司职员、工程师、教师、医生、护士等。

1997 年 6 月，童心礼到挪威内地探望当地人领养的中国儿童

挪威人带着自己领养的中国儿童到中国使馆作客都很兴奋，就像回娘家一样。我们面对一个个活泼健康的中国孩子也感到欣慰。我在招待会上说，由于他们领养中国孩子，咱们已经成了亲戚，挪威家长们听了都开心地笑了起来。他们说，看到中国发展很高兴，将来一定带孩子到出生地看看。有一位家长说，他们选择中国孩子是因为相信21世纪中国将发达起来，他们的孩子会为自己的故国感到自豪。有些家长还向我们打听如何订阅《中国日报（英文版）》以及中国的儿童画报，说不仅本人希望了解中国，也要让孩子们不忘记中国。

（五）农场见闻

我们对挪威的农村不太了解。1997年8月，一位保守党女议员埃娃·芬斯塔邀请我们去她位于奈斯市郊的农庄做客，我们欣然接受。上午从奥斯陆往东北方向的公路出发，一路阳光灿烂，在相对平坦的丘陵地上，一片片成熟时间不同的庄稼，有青色的，有金黄色的，有微微发红的，多数是大麦、燕麦，也有小麦，给人们带来丰收的喜悦。庄园一个接连一个，每隔一段就有一组房子，其中白房子是主人住的，为数不等的红房子作为仓库存放农业机械和粮食。这里是农业相对发达地区，在山脉纵横、人烟稀少的挪威是少见的。车行约一小时后到达目的地，热情的男女主人到门前来欢迎。

芬斯塔女士1995年初跟随挪威议会环境委员会代表团访华，我们是在宴请代表团时认识她的。她丈夫是位内科医生，看上去是个健壮慈祥的老人，老家在她家附近，也有庄园。这里是女方传下来的庄园（父亲为林场主），建于1728年，占地50公顷左右。住房经扩建，高大宽敞，大客厅外面有阳台、小花园，可以在天气好时露天喝茶吃饭，我们就在那里进了午餐。遮阳伞挡住烈日，面对紧靠庄园的小河和森林，听着女主人的介绍，这顿饭吃得轻松愉快。她招待的据她说是当地典型的夏季饭菜：凉奶油甜汤，煎鸡蛋，大马哈鱼，西红柿色拉，配上她自己烤的面包，清淡可口。

饭后主人陪同我们在她庄园漫步。走出住所，有一块供他家庭子女游玩的草地。这片草地外面，根据她有经营头脑的女婿建议，种一片可供出售的草地，连土切成带状，一卷卷按平方米出售，约20到25克朗一平方米。再外面就是庄稼地。我们参观了他们家附近的工具房，里面有不少机械，如拖拉机、除草机、运输车等等。最让我们感兴趣的是烘干设备：这是一所高大长方形的房子，烘干和储存连在一起，从场上收下麦子运来后，通过管道漏斗在烘干机内烘干，然后直接送到隔壁的粮仓。这样，他们不存在怕收割前后下雨，以及运输中和大车抢公路等问题。女主人对我们解释，这里雇工工资太高，因此都用机械。他们一年干三个多月活，主要靠自己劳动。丈夫下班后、儿子夏季休假时都来干活，忙不过来再请临时工。

丈夫谈到挪威政府给农民补助不少，主要从收购价格中体现。例如1公斤粮食成本1.2克朗，国家收购价为2.5克朗，一年农业净收入为15万克朗，等于一个中等工薪阶层的工资。我们另一次参观赖伊·贝格的农场时，他也谈到国家通过提高粮食收购价补助农民，如小麦每公斤成本0.7克朗，收购价为2克朗。他还告诉我们，二战后政府十分重视农业发展，为了鼓励农民开荒，不仅基础设施（交通、水电等）全部由国家承担，而且开发费用的80%也由政府负担。因此这一带许多小山被推平，增加了大量农田。说到这里，我们容易理解为什么在加入欧洲联盟公民投票中农民会投反对票，因为他们担心入盟后实行欧盟标准，会减少甚至取消农业补贴。

（六）挪威人看中国

我们在挪威生活多年，感到有些挪威人比较闭塞，自我感觉良好，容易用自己的条件和标准观察、衡量其他国家，包括中国。有时还是有相当地位的人，出于善意向我们提出一些令人尴尬的要求或问题。有一次在我们家宴上，一位高官的夫人，本人也是一所挪威研究机构的负责人，曾经说，中国环境污染严重，你们为什么要用那么多的煤？为什么不用水能？挪威96%的能源来自水力发电。我们根据两国不同的国情做了解释。另一次，一位外交部的专员说，他访华时看到中国盖了许多高层大楼，提出为什么不能像挪威那样多修一些双层别墅，既舒适又美观？我们对他说，中国有12亿人口，要是住房都修成小别墅，哪里还会有耕种的土地呀！他听了不禁咋舌。

也有一些挪威朋友，对中国了解相当深，对我国态度比较公正、客观，有时能在两国关系中发挥沟通作用。1996年，前挪威驻香港商会主席哈拉腊克来我馆作客。由于他在亚洲工作30年，其中香港20年，对中国十分了解。他对我们说，中国和中华人民共和国成立之前无法比拟。现在中国人享受着五千年来从未有过的美好生活，如果肚子饿，任何其他人权全是空的。有12亿人口的国家，起点又那么落后，演变需要时间。他说，有些挪威人坐井观天，在山谷里想象应如何管理中国，他们出自好心，但提出的方案往往不适合中国国情。因为此前不久达赖访问挪威，我们提出交涉，两国关系一时比较紧张，所以他还表示：由于双方存在误解，两国间不时会产生一些矛盾，希望中方能耐心做挪方工作。他的谈话反映出，经济界担心挪中关系出现恶化。我说明中国反对任何国家在涉藏问题上干涉其内政，但我们对发展中挪关系始终采取积极态度。

挪威神学院教授斯托塞特，也是一位对中国比较了解的朋友。他一直主张在人权问题上与中国平等对话，不赞成对中国指手画脚。他对中国的认识相当深刻，这是与他的经历，尤其是同中国的直接接触分不开的。斯托塞特是挪威和国际信义宗教会的负责人，经常参与对缅甸、斯里兰卡以及一些拉美国家内部冲突的国际调解工作。1989年我国内发生"六·四"风波，年底挪威授予达赖诺贝尔和平奖之后，他曾应我宗教局和基督教协会邀请，以国际宗教界领袖的身份，于20世纪90年代前半期先后三次访华，了解中国的实际情况，促进与中国的宗教交流。1996年，斯托塞特对我说，他通过与中国的多次直接交往，感到中国正走在正确道路上，中国的制度适合本国的国情。他认为，观察一个国家，主要看其方向是否正确，而不是某些具体事件。中国发生动乱，会对世界造成灾难；反之，中国发展了，也将给全球带来福音。他说他长期做发展中国家工作，了解那里贫穷、落后以及存在部族、宗教等众多复杂矛盾。他主张让基督教同情弱者以及民主、平等的观念在世俗社会里发挥作用。他还向我讲述了他的身世。他说，他出身在挪威北端城市——北角的一个教师家庭，家境贫寒，父亲举债让五个孩子得以上学。第二次世界大战中，他们在北角的家被炸毁，全家颠沛流离，移居南部城市斯塔万格，父亲后来成为当地的工党领导人。因此，他从小就产生一种怜悯穷人和同情弱者的心理。

（七）中国艺术品在挪威

挪威西部卑尔根市有一个应用艺术博物馆，里面收藏着大量中国艺术品，共计2500件之多，包括780幅绘画、100件雕刻和1250件实用艺术品，其中最珍贵的是11根圆明园大理石柱的残墩。据了解，它们都是一个来自卑尔根的冒险家兼军人诺尔曼·蒙特捐赠的。此人于19世纪90年代抵达中国，1900年参与镇压义和团运动，1912年受到袁世凯赏识被提拔为将军，在北洋军阀政府中担任过高级顾问。他在中国生活近半个世纪，后于1935年病逝于北京。这些艺术品是他几十年通过各种方式收集来的。国内和使馆曾向卑尔根博物馆提出用适当方式收回残墩，至今没有结果。不过，这些艺术品，尤其是放置在博物馆入口处的11根圆明园残墩，可以作为无声的见证物告诉世人，近代中国多灾多难，备受西方列强侵略和欺凌。我在任时曾多次自己或陪同代表团参观这个博物馆，离任前又去了一次。

（八）最大的鲸标本

挪威是个航海国家，捕鱼业发达。1998年4月去南方访问尤牧师家的途中，牧师曾领我们参观了沿途桑德菲尤尔市的一个鲸鱼博物馆。据说这是全世界保存鲸鱼标本最全、最大的三个馆之一。在这里我们看到了世界上最大的鲸鱼——大蓝鲸的标本。这种鲸鱼长30余米，重120吨，等于36头大象；每节骨骼重2500公斤。没有牙齿，口里长着门帘一般的须。现在，这种鲸鱼已被禁止捕杀。古代挪威从南方港口顿斯堡市出发到南非海面捕鲸鱼，当年南非是挪威一个捕鲸基地。

（九）生活在挪威的华人

中国在挪威的华人、华侨不多。1994 年底有 2500 多人，其中老华侨 150 到 160 人。老华侨过去大多在挪威人船上当水手。根据挪威法律，他们在海上工作七年后陆续上岸，开始在餐馆做跑堂、干杂活，靠勤劳创业，慢慢自己开店，有些人发了家，成了多爿中餐馆的老板，还买了房产，生活相当富裕。他们因生活习惯不同，加上文化水平较低，不易融入挪威社会。不过，这些华人很爱国，还集体捐钱办中文学校，让子弟学习中文。老华人中个别相对年轻的人，也有进入挪地方行政机构的，并倡办一些推动挪中文化、体育交流的活动。

第二代华人情况不同，他们参与当地经济生活，社会地位也相应得到提高。上面提到的卑尔根的许氏兄弟，他们在挪威上的学，学过经济管理，不仅继承了父母的饭店，还从事多种工商业，与地方当局联系较多，事业发展迅速。他们很关心国内发展，还捐款资助希望小学。有一位老华人的女儿在挪威议会监察机构里担任律师。此外，20 世纪 90 年代在挪威留学、后来留在挪威参加工作的新华人也在增加，有些已经在挪威派驻中国公司中任职。

中东回忆

见证中东问题的长期复杂性

1954 年 12 月，我从外交部情报司调到欧非（西欧非洲）司工作，参与准备翌年 4 月举行的亚非（万隆）会议，那时候我就开始接触中东非洲事务，尤其对埃及民族英雄纳赛尔印象深刻。直到 1993 年 12 月从驻埃及大使岗位上调往北欧工作，断断续续与中东打了 30 多年的交道。其中，20 世纪 80 年代后期到 90 年代初，出任驻突尼斯兼驻巴勒斯坦国大使，正值巴以和平进程关键时刻，与阿拉法特主席经常接触，对巴勒斯坦问题有了比较深的了解。

　　我与中东尤其是巴勒斯坦问题有缘。我到挪威当大使后，看到这个国家在促成奥斯陆协议后对推动巴以和解相当积极。1994 年 12 月我作为驻挪威大使，在奥斯陆出席了阿拉法特、拉宾（以色列总理）和佩雷斯（以外长）接受诺贝尔和平奖的仪式。2001 年 1 月，我已退休，有幸以外交学会理事身份参加学会代表团访问了加沙，与我的朋友巴自治政府外长沙阿兹会面。

　　关于中东问题的长期性和复杂性，我年轻时早有所感。记得 20 世纪 60 年代后期，我和我的主管中东事务的同事们都是 30 多岁的人，有时开玩笑说，中东总是打打停停，停停打打，不战不和，可能到我们退休，中东问题也解决不了。现在看来，不幸言中。尽管埃以签订和约，中东问题得到部分解决，但其核心巴勒斯坦问题拖延 60 余载，至今仍然遥遥无期。2009 年 1 月美国奥巴马政府上台后，提出继续推进中东和平"路线图"，实现巴以和解，看来难度很大。

　　我退休已 20 载，不一定能看到巴勒斯坦人民实现民族愿望。不过我对巴事业的正义性有信心，寄希望于以色列人民，相信巴以双方有智慧找到合适的解决方式，尤其是对最难的耶路撒冷地位问题。2004年和 2005 年，我根据回忆与思考写了两篇分析巴以冲突的文章，介绍巴以和平进程的历史和现状，说明巴以矛盾的特殊性和问题的复杂性及其内外背景，预测巴问题可能的发展前景。希望它们对于关心中东问题的人们，尤其是有关学者和专家，能有所参考。

　　经过多年观察与研究，我还对中东和平进程先驱者们的业绩与精神有所了解和认识，并深受感动。萨达特是第一位在对以色列战争中打了胜仗的阿拉伯国家元首，也是第一位与以签订和约的阿拉伯领导人，被誉为"战争英雄、和平英雄"，最后在阅兵时被伊斯兰原教旨主义分子刺杀。阿拉法特是为巴民族解放奋斗终生的悲剧英雄。他为推动巴以和平进程，深入巴被占领土，被以色列长期围困，积劳成疾而离世，其唯一遗言是身后希望葬在耶路撒冷。拉宾曾任以色列总参谋长，指挥过第三次中东战争（史称"六·五战争"），占领了大片阿拉伯领土，后来却成为致力于以巴和平事业的总理，最后在国内一次和平集会上被犹太极端分子刺杀。佩雷斯是中东和平进程的开拓者之一，也是第一位主张与阿拉伯以合作代替对抗的以色列政治家。他从未停止过争取和平的努力，直至 2016 年逝世。突尼斯前总统布尔吉巴因为实行终身制于 1987 年遭废黜，我是最后一个向他递交国书的大使。尽管如此，历史是公正的，他为本国的民族独立和建设、为非洲和阿拉伯的解放事业所作的巨大贡献，一直为人们称道，其中包括他首先提出以巴相互承认，为巴以和解奠定政治基础。据此，我于 2006 年初撰写了一篇介绍上述中东和平进程先驱者们的文章，希望对增加读者关于中东问题的知识与兴趣能有所帮助。

关于巴以冲突及其前景的几点思考

自 2003 年 6 月初布什总统出访中东，出席美、巴、以三国首脑会谈后，美国主导的中东（巴以）和平"路线图"计划正式启动。我认为，这个计划对缓和巴以关系、恢复中断近三年的巴以和平进程可能会产生某些积极作用。但我对这个计划的前景并不乐观，因为它回避了导致巴以冲突旷日持久的那些基本矛盾和重大争议。

历时 60 多年的巴以争端为何这样难解决？持续已 18 载的巴以和平进程为何如此曲折漫长？巴以关系今后将向何处去？这些问题始终萦绕脑际。目前巴以冲突不断升级，牵动中东全局，举世瞩目。我想根据个人见闻以及与多位中外中东问题专家交流基础上的研究所得，谈一些感受和认识。

(一) 巴勒斯坦问题是中东问题的核心，巴以冲突持续不断是由多种因素决定的：

巴以争端久拖不决的根本原因是矛盾的特殊性和问题的复杂性

距今约 4000 年和 3200 年之前，巴勒斯坦阿拉伯人的远祖迦南人和犹太人的祖先希伯来人先后从两河（幼发拉底河和底格里斯河）流域迁徙到今巴勒斯坦地区。后来希伯来人征服迦南人在那里建立过王国，但在 2500 多年前就被异族灭亡；犹太人多次遭迫害、被屠杀，大批流亡到世界各地。在长时间内，巴勒斯坦的迦南人和留下的犹太人一样，先后受到巴比伦、波斯、希腊、罗马等外族的统治。公元 7 世纪，阿拉伯人战胜罗马帝国，接管巴勒斯坦。阿拉伯人不断移入，并和当地迦南人同化，逐步形成了现代的巴勒斯坦阿拉伯人。从此，阿拉伯人成为当地主要居民，但同少数民族犹太人的关系一直比较和睦，包括 16 世纪到 20 世纪初奥斯曼帝国统治巴勒斯坦的时期在内。

自 1917 年英国作为委任统治国占领巴勒斯坦后，情况开始变化。在世界犹太复国主义运动影响下，受英美的鼓励，不少欧洲犹太人把巴勒斯坦作为"民族之家"向那里移民，与当地阿拉伯人发生了争地纠纷。1947 年 11 月，在英美把持下联合国通过分治决议，决定在巴勒斯坦建立犹太国，引发了巴（阿拉伯）以之间长达 60 多年争夺生存空间的斗争。正如 30 多年前犹太史学家沃尔特·拉克所指出的那样，19 世纪末犹太复国主义运动出现在国际舞台上时，世界版图上已不再有无人居住的空地。根据联合国决议，几十万犹太人移居到巴勒斯坦，在那里建立犹太国家，"使已在那里定居的巴勒斯坦阿拉伯人陷入痛苦境地。……或者被吸收或同化，或者被大批屠杀、驱逐"。在一个已经有人居住的地区，通过联合国决议，强行建立一个新的国家，这是犹太复国主义的历史悲剧，也是巴（阿）以冲突的历史根源。

特殊的矛盾带来了复杂的问题。60 多年来，以色列通过战争和武力占领整个巴勒斯坦，并造成了许多严重后果与遗留问题。其中突出的有下面三个问题：

1. 犹太人定居点。截至 1998 年 9 月，以色列在巴勒斯坦被占领土上共建立 205 个犹太人定居点，有定居者 30 万人。定居点占据有水源的好地，控制着战略要道和交通干线。在约旦河西岸，194 个定居点把巴自治区分割成许多互不相连的小块地域；加沙定居点虽仅 11 个、1 千人，但占了沿海大片良田。定居者在以政府支持下起了双重作用：屯垦戍边，协助军队保卫边界，监控阿拉伯居民；为以军驻扎（保护定居者）找借口。这些人把西岸视为犹太人的家园，拒绝撤出，也反对巴建国，并备有枪支，是以极端右翼政党的社会基础。从 1991 年 11 月开始的巴以和平谈判中，以方坚持保留并扩建定居点，继续控制西岸大部分土地，离巴方要求甚远。10多年来，巴以因定居点问题经常发生流血冲突，导致谈判中断。后来，以当局又在巴被占领土强行修建隔离墙，使那里的形势更加紧张、复杂。

2. 难民问题。经过1948年和1967年两次中东战争，200万巴勒斯坦人逃离家园，沦为难民。截止1998年底，巴难民人数为358万，大部分漂泊在周围阿拉伯国家，小部分留在西岸、加沙。他们住在帐篷里，生活悲惨，依靠联合国救济度日。巴方在谈判中要求难民有回归和赔偿权；以只视难民为人道主义问题，同意难民回归未来的巴勒斯坦国，但不能返以色列。

3. 耶路撒冷地位。耶城是世界三大宗教的圣地。基督教徒认为，耶稣是在耶路撒冷被钉死在十字架上，三天后复活；伊斯兰教徒认为，穆罕默德在那里"登宵"遨游七重天，见了真主；犹太教徒认为，大卫王将它作为以首都，大卫王儿子所罗门在那里建造了第一座犹太人圣殿。耶城中心的圣殿山，上面有传说穆罕默德"登宵"的金顶清真寺和古老的阿克萨清真寺，西侧有被毁犹太圣殿留下的一段哭墙。1947年联合国决议提出国际共管耶城；以通过战争占领整个耶城，并宣布为其永久首都，除美国总统特朗普于2017年12月宣布承认耶城为首都外，尚无其他国家承认。巴勒斯坦坚持对东耶路撒冷（阿拉伯）的主权。耶城地位不仅是巴以间的领土争端，也是一个涉及世界范围的宗教问题。由于其复杂性，在巴最终地位谈判中，它已成为巴以间难度最大、最具争议的问题之一。

1993年8月，巴以达成奥斯陆协议。协议规定：以同意巴在部分被占土地上实行为期5年的自治，并决定根据安理会242号决议继续谈判，就巴最终地位问题达成永久性解决，时间不迟于1999年底。那时我在埃及任大使，马上约见我的老朋友、美国驻埃及大使小贝特罗，问他对协议履行前景的看法。他是资深的中东问题专家，20世纪80年代后期以美驻突尼斯大使身份，作为美方代表出席历史上首次美巴会谈，直接参与调解巴以冲突；90年代中期又出任美主管中东事务的助理国务卿多年。我记得他当时对我的问题做了悲观的回答。他说：

围绕执行奥斯陆协议的谈判将是旷日持久的。不仅因为巴以之间的争执涉及主权、领土、安全等根本利益问题，而且两个民族由于历史、宗教、文化等原因，隔阂、结怨很深，互不信任，所以他对协议前途忧心忡忡。10年过去了，由于双方在定居点、耶路撒冷地位、巴难民回归、划界安全等问题上的根本分歧，巴以谈判一波多折，终于2000年8月宣告失败。9月武装冲突又起，和平进程中断，迄今仍未恢复。这表明小贝特罗当时的分析、估计是相当深刻、准确的。

1994年12月，我作为驻挪威大使在奥斯陆出席了诺贝尔和平奖授奖仪式，获奖人就是对达成前述奥斯陆协议作出重大贡献的阿拉法特、拉宾和佩雷斯。挪方很重视，国王、王室成员和政府领导人均出席，并有文艺表演。我注意到三位得奖人在仪式上致辞的调子是不同的。阿拉法特第一个讲话，他强调要加速巴以和平进程，提出以必须撤出加沙和约旦河西岸；耶路撒冷是阿拉伯土地，但可以建成国际城市。佩雷斯重点放在以色列与阿拉伯国家的技术合作，指出以要通过技术融化中东；他对耶路撒冷地位问题做了回应，认为耶城是属于以色列的。拉宾讲话调子强硬。他说，他今年72岁，年轻时曾想当个水利工程师，后来战争爆发就投笔从戎，一干几十年。他突出耶城是大卫王3000年前所建，将永远属于以色列。一个欢庆会变成了辩论会。我预感到巴以协议的执行不可能一帆风顺。

巴以力量悬殊，是以在和谈中拒不让步，不肯放弃占领国权益、满足巴基本民族要求的重要因素

在以色列，"安全至上"观念根深蒂固。以国土狭小，敌国环伺，国内与巴勒斯坦人的关系又长期紧张，其生存危机感从未消失。以当局认为，总面积为5884平方公里的约旦河西岸靠近以心脏地区，从耶路撒冷到东部边境仅三四十公里，如完全撤出，以将失去战略纵深，国防安全无屏障；而约旦河水又是以必须掌握的战略资源。因此，在谈判中以方坚持控制边境安全，至少继续占领部分西岸土地。以群众长期受当局宣传影响，又为狭隘民族利益驱使，加之掺杂宗教感情（相当多以色列人认为，根据《旧约》，西岸历史上是犹太人家园），要求保留那里大片土地的主张有相当市场。

几十年来，以色列在美国支持下，发展高科技，掌握先进武器（拥有了核武器），已成为中东强国。以有用闪电战战胜阿拉伯国家的经验，也有遭突袭受挫的教训。以国内"靠军力求安全换和平"的倾向相当强大。历史证明，强者很难自动把到手的果实交还弱者。在以色列，依仗强大实力，不仅极端的利库德集团坚持吞并高压政策，就是温和的工党政府为了维护犹太上层的既得利益，在承认巴主权、归还领土等问题上提出的条件也非常苛刻。据了解，早在1993年8月签订奥斯陆协议时，以工党政府向巴方提出三个建立巴勒斯坦国的条件：1. 与以结盟；2. 以占西岸18%的土地；3. 保持耶路撒冷现状（主权归以），就是说要基本上保留占领国的权益。至今，以方在谈判中坚持的基本上还是这些条件。

2001年1月，我随外交学会代表团访问加沙。那是巴拉克工党执政时期，我目睹以色列依然是巴自治区的占领国，而巴勒斯坦人仍是它的"臣民"。我们在驻巴办事处主任陪同下，驱车到加沙城外参观，看到当地人耕种的都是小块干旱、贫瘠的不毛之地，旁边散落着几间简陋、狭小的茅舍。不远处却闪出一大片绿意浓浓的良田，树木环绕，喷灌洒水，其间排列着幢幢红白相间的双层别墅。驻巴办主任告诉我，这是犹太人定居农场。农庄面积相当大，车子开了五六分钟才离开它的地界。其时正值巴勒斯坦第二次"石头起义"后不久，加沙气氛紧张。在一处公路交叉口，我们看到一座碉堡，旁边有以色列军队坦克把守，里面是荷枪的士兵。他们命令前面的巴勒斯坦人停车，我们的车也跟着停下来，不久就成了一排长长的车队在等候。大约10分钟之后，离我们七八米前方与我们平行的公路上，一列十几辆车组成的车队呼啸而过，随后我们的车队才被放行。驻巴办主任对我们说，刚才过的是以色列定居者的车队。一路上大家沉默不语，感到自己在一个"被占领国"访问，心里不是滋味。我更深刻体会到：占领者和被占领者是不平等的，以巴谈判之所以如此艰难，盖出于此！

从国际因素看，中东问题和巴勒斯坦问题长期僵持的关键，在于美国的态度

以色列相信实力，拒绝和平。今日国际上推动中东（巴以）和平进程方面，唯一能对以施压的是美国。美要照顾阿拉伯一大片，有时会适当考虑巴勒斯坦和其他阿拉伯方面的要求，但不会改变偏袒以色列的基本立场，这个矛盾使美国难以发挥真正公正的中间人作用。更重要的是，以色列能同阿拉伯世界长期对抗，主要是因为得到美政治、经济、军事各方面的支持。

中东是欧洲的侧翼，战略地位重要，又有丰富的石油。从20世纪60年代开始，美国和苏联为控制这个地区进行了激烈争夺，它们支持和利用以阿双方保持不战不和局面。80年代末，尤其是90年代初苏联解体后，出现了美国独霸中东的局面。美为稳定中东，对和平解决中东和巴勒斯坦问题表现得更为积极。1993年8月，克林顿政府促成巴以达成奥斯陆协议。2000年8月，克林顿第二任总统末期，把阿拉法特和以总理巴拉克请到美国总统休养地戴维营举行会谈，力图推动双方就巴勒斯坦最终地位达成协议。三方会晤开始前，从电视上看，有一些镜头颇引人注目：在和煦的阳光下，克林顿陪同阿拉法特和巴拉克在绿树成荫的戴维营后院散步。克林顿显得踌躇满志，春风得意，似想继埃以和约之后促成巴以和解，搞出第二个"戴维营协议"，使自己像卡特一样名垂青史。在返回会议厅经过院内一个侧门时，人们看到阿拉法特和巴拉克相互谦让，谁都不肯先走，于是克林顿双手挽着两人胳膊同时跨入，以示对巴以双方"一碗水端平"的姿态。但实际上紧接着举行的三方会晤中，美国的态度并不公允，会议开得也不轻松。据悉，克林顿在会上提出，如巴勒斯坦放弃对耶路撒冷的主权要求和难民的回归权，美将建立一项300亿美元的基金援助巴方安置难民。美以为钱能通神，但主权不能用钱交换，阿拉法特拒绝了美方的建议，结果戴维营会议不欢而散。

2001年初小布什总统上台后，对中东问题采取比较超脱的态度，虽未放弃促和努力，提出一项2005年建立巴勒斯坦国的分阶段解决计划，名为巴以和平"路线图"，但对外重心放在反对"国际恐怖主义"。后来又提出要巴勒斯坦实行"民主改革"，企图架空阿拉法特，给巴以和平进程增加新的变数。2003年4月，伊拉克战争结束后，为了安抚、争取阿拉伯世界，加上出于次年大选对外有所建树的需要，布什政府转而积极插手巴以和平进程，对以色列施加压力，大力推进中东和平"路线图"计划，但不放弃偏袒以色列的基本立场。

（二）今后巴以关系的走向、巴以和平的前途，更多寄望于以色列人民的进一步觉醒

正如2002年10月阿拉法特在接见我国中东特使王世杰时指出的那样，目前巴以和平进程处于低潮。战乱代替了和解，暴力代替了和谈。不过我个人认为，从长远看，和平进程还会在曲折中向前发展。

阿拉伯世界支持巴以和平进程，巴以谈判存在妥协余地

巴以和平进程是以阿拉法特为代表的巴解主流派开创的。1988年11月在阿拉法特主持下，巴解组织全国委员会在阿尔及尔召开第19次特别会议，会后发表"独立宣言"，宣布建立巴勒斯坦国，同时决定承认1947年联合国181号决议（规定在巴勒斯坦地区成立犹太国和阿拉伯国）和1967年安理会242号决议（敦促以色列撤出"六·五战争"中占领的阿拉伯土地），并表示愿通过和平方式恢复巴民族权利。这是巴解向以色列发出的重大和平倡议，也是巴解总结40年曲折斗争特别是依托以周围国家进行武装斗争的惨痛教训，根据内外出现的新形势，对斗争形式所做的历史性的战略调整。这次转变，显示巴解主流派认识到把以色列赶入大海、用武力收复失地是不现实的，只有回内地依靠被占领区人民和国际调解，主要进行政治和外交斗争，才是最佳选择；也表明巴方事实上承认了以色列的存在，并愿意通过谈判争取在以撤出的约旦河西岸和加沙地带建立一个以东耶路撒冷为首都的独立的"小巴勒斯坦国"。这个拟议中的国家面积估算为6千多平方公里，比联合国181号决议规定的"阿拉伯国"小五千平方公里。这是巴方所能作出的最大让步。2002年3月阿拉伯首脑会议通过《贝鲁特宣言》，支持1988年11月巴解特委会发表的《阿尔及尔宣言》，提出阿拉伯

国家将以承认以色列的存在、保证其安全、实现关系正常化为条件，换取以色列撤出 1967 年战争中占领的全部领土、承认以东耶路撒冷为首都的独立的巴勒斯坦国、公正解决巴难民问题。这是整个阿拉伯世界作出的重大妥协，反映它们的和解愿望。2003 年以后，阿拉法特多次呼吁巴勒斯坦人不要用"人体炸弹"进行报复，伤及无辜；一再申明反对恐怖主义，愿与以恢复和谈，寻求巴问题的公正解决。后来首任巴自治政府总理阿巴斯继续坚持这种现实的温和立场。如以色列政府改变其扩张主义的强硬路线，实现和平不是不可能的。

在巴以谈判中，双方存在根本分歧，距离很大，短期难以弥合。但从各方透露的情况看，也不是没有妥协余地。如关于耶路撒冷地位，以方曾表示在一定条件下阿拉伯区可归巴勒斯坦所有；前美总统安全事务助理布热津斯基 2003 年中曾建议，耶城由巴以共管。巴方对解决难民问题的态度也是灵活的。巴勒斯坦负责人内部表示，巴勒斯坦难民 400 万，但其中真正需回归的仅 50 万人，且他们还有留居住国、移居他国、回未来巴国和返以四种选择。犹太定居点面积仅占巴被占领土的 2%，以提出要占西岸 18% 的土地，胃口太大，巴勒斯坦不能接受；但对于做少量领土调整，巴方未把门关死。关于安全安排，以提出在西岸驻军，设预警站，控制未来巴国边界；巴方表示在一定时间内可接受国际部队，与以共管巴境内的预警站，等等。

以色列作为占领一方，其政策往往决定巴以和平进程的发展演变

20 世纪 90 年代以来的历史表明：当以政府在美积极干预下，采取相对灵活政策时，巴以（中东）和平进程能取得某种进展；反之，和平进程就陷入僵局，甚至倒退。

犹太人历史上遭受战乱、流离的巨大苦难。两千多年前罗马帝国入侵巴勒斯坦，近 200 万犹太人遭屠杀，幸免的大多逃往欧亚地区。二战中又有 600 万犹太人被德国法西斯杀害。但犹太复国主义又把屠杀和驱逐的灾难加在巴勒斯坦人身上。60 多年来，犹太人依靠军事实力，通过占领和镇压，把自己的生存和发展、自己的幸福，建筑在巴勒斯坦人的痛苦之上。

一位世界伟人说过：占领他国的民族是不自由的。5 次中东战争、不间断的巴以冲突和伊斯兰抵抗运动的恐怖活动，也使以色列付出了沉重的代价。越来越多的以色列人认识到，军力只能保持一时安宁，和平才是永远的安全保障。拉宾总理 1995 年 11 月遇刺前的讲话道出了和平的心声："我打过 27 年的仗，只要没有和平的机会我就会战斗。我相信现在我们拥有了一个和平的机会，一个巨大的机会……我们必须利用这个机会。"他毅然选择了"以土地换和平"的道路，直到献出生命。以工党元老、奥斯陆协议签字人、副总理兼外交部部长佩雷斯，2001 年初会见我外交学会代表团时说，依靠军力占领（土地）、与阿拉伯国家对抗是短视的，以色列发展之道在于依靠自己的高科技与阿拉伯国家进行和平合作。他的远见和明智给我留下深刻印象。1997 年 11 月，拉宾被害两周年时，我从电视上看到，有一万多以色列群众举着拉宾的遗像和"我们现在就要和平"的标语集会悼念。这表明以人民要求和平的愿望。2003 年 1 月底，由于巴以冲突升级，以国内局势紧张，强硬派利库德集团在大选中获胜，但以人民寻求和平的愿望仍是普遍的。2 月 1 日美"哥伦比亚"号航天飞机失事中遇难的、曾参加多次战斗的以色列空军上校伊兰·拉蒙，生前从太空对本国人民的直播讲话中说："从太空看，世界充满和平……我希望不久我们的国家能成为一个和谐融洽的国家。"9 月中旬后，随着以当局决定驱逐阿拉法特，加紧镇压巴民族斗争，以国内的反战呼声上升。20 日，特拉维夫一万以色列人上街游行，要求结束对约旦河西岸和加沙的占领，与巴方恢复和平谈判。25 日，27 名以空军驾驶员发表致空军司令的公开信，拒绝对巴抵抗人士进行"定点清除"，拒绝去巴被占领土作战。

我期望以色列当局能顺应国内民意，回应阿拉伯和巴勒斯坦的和解呼吁，承认巴民族权利。这样，才能早日实现以国内的和谐和地区的和平。

（此文 2004 年 12 月发表过，这里稍作补充。）

巴以和平进程的由来与发展

2002 年 3 月以来，每当从电视上看到以色列军队用现代化武器进攻巴勒斯坦自治区城镇平民区，围困已被打得半壁坍塌的巴民族权力机构主席阿拉法特在拉马拉官邸的时候，我不由想起 20 世纪 80 年代末阿拉法特开创巴以和平进程的情形。那时，巴勒斯坦解放组织总部设在突尼斯。我在那里出任大使，1990 年起又兼首任驻巴勒斯坦国大使，多次见到阿拉法特，与其他领导人阿布·伊亚德、阿布·卢图夫（卡杜米）和阿布·马赞（即前巴自治政府总理阿巴斯）也常有来往。通过与他们的交谈，我进一步了解巴以和平进程的由来，以及它同巴民族解放斗争以至整个中东问题的紧密联系。特别是 80 年代末阿拉法特对我国的两次访问，使我更清楚地明了巴方提出和平倡议的内外背景，知道巴以和平进程的艰难曲折。可以说，我是这一重大事件的见证人之一。

1988 年 11 月，在阿拉法特主持下，巴解组织全国委员会在阿尔及尔召开第 19 次特别会议，会后发表"独立宣言"，宣布建立巴勒斯坦国，同时承认联合国 181 号决议和安理会 242 号决议，表示愿意通过和平方式寻求恢复巴勒斯坦民族权利。先建国，再通过和谈收回领土，这在世界历史上是鲜有先例的。这是巴解向以色列发出的一项重大和平倡议。这个倡议标志着长达半个多世纪的巴民族解放运动，从早期武装斗争，经过 20 世纪 70 年代中期到 80 年代末期武装斗争与政治斗争相结合的阶段，向当前以政治和外交斗争为主的新时期发展的战略转变。

在中东问题大格局下，巴抗以斗争方式的演变

五次中东战争

（一）1947 年 11 月，在美英把持下，联合国通过 181 号决议，规定在 2.7 万平方公里的巴勒斯坦地区建立两个国家：犹太国占 1.52 万平方公里，阿拉伯国 1.15 万平方公里，占地 176 平方公里的耶路撒冷由联合国管理。巴勒斯坦人和阿拉伯国家反对这个决议。翌年 5 月

15 日以色列建国次日，巴勒斯坦人参加了阿拉伯国家发动的以消灭犹太国为目标的第一次中东战争——巴勒斯坦战争。战争以阿拉伯方面失败告终，以色列不仅保住了犹太国，还扩占了拟议中"阿拉伯国"的 5000 多平方公里土地和耶路撒冷西区。"阿拉伯国"余下的土地中，5884 平方公里的约旦河西岸为约旦占领，并于 1950 年与约旦合并；365 平方公里的加沙地带则为埃及所控制。约旦还占了耶路撒冷东区。1956 年 10 月，以色列参加了英法发动的侵略埃及的第二次中东战争——苏伊士战争，占领了埃及的西奈半岛，后在国际压力下撤出。1965 年 1 月，阿拉法特领导"暴风突击队"开始在巴勒斯坦土地上开展独立的对抗以色列武装斗争。1967 年 6 月 5 日，以色列发动第三次中东战争——六日战争，采取"闪电"战术，短短数日除攻占埃及西奈半岛和叙利亚戈兰高地外，还夺取了约旦河西岸和加沙地带，以及耶路撒冷东区。至此，整个巴勒斯坦为以色列所霸占。

（二）1967 年 11 月，在世界各国反对以色列侵略扩张的强烈呼声中，联合国安理会通过 242 号决议，要求以撤出"六·五战争"中占领的阿拉伯土地，公正解决难民问题。从 20 世纪 60 年代后期起，在这个决议的基础上，国际上推动阿以和平解决中东问题的活动起伏不断，相当频繁。阿拉伯国家以是否接受决议、寻求与以和解为分水岭，形成埃及和叙利亚为代表的温和和激进（即"拒绝阵线"）两个阵线。巴解组织对 242 号决议长期采取一种既不接受、也不拒绝的暧昧观望态度。它一方面由于 242 号决议把巴勒斯坦问题仅视为"难民问题"，以色列又不承认巴民族权利，因而不愿表示赞成该决议，以避免实际上默认以的合法地位；另一方面又想借助决议，通过和平方式收回约旦河西岸和加沙，以便将来在那里建国。巴解表面上站在不接受 242 号决议的阿拉伯激进国家一边，而实际上又同支持决议的温和国家保持密切联系。

（三）从 70 年代中期起，巴解积极开展国际活动，争取政治支持，对以施加压力和影响。1974 年 11 月阿拉法特出席联合国大会，巴解被接纳为联合国观察员。此后，连续几届联大通过多项决议，承认巴勒斯坦人民拥有取得国家独立和主权以及难民回归并获得赔偿等权利，特别是 1976 年联大通过一项对巴解来说十分重要的决议，即支持在被占领土约旦河西岸和加沙地带成立巴勒斯坦国的计划。在巴解推动下，1974 年 10 月阿拉伯国家拉巴特首脑会议通过决议，确认巴解是包括居住在约旦河西岸的巴勒斯坦人在内的全体巴勒斯坦人的唯一合法代表。通过这些，巴解向以色列迂回表达了和解愿望：准备承认以色列在 1967 年前边界内的存在，换取以同意巴人民在西岸和加沙行使自决权，成立一个小巴勒斯坦国。但以色列在承认巴民族权利问题上一直不做任何松动的回应。

（四）巴解在进行政治斗争的同时，没有停止武装斗争。约旦河西岸被以占领后，70 年代初，巴解把与西岸毗邻的约旦作为反以武装斗争的主要基地。以方不断对约进行军事打击，使约巴矛盾加剧。约当局认为巴解一些组织在约境内搞"国中之国"，威胁其王室统治，多次重兵进攻巴游击队，使他们遭受重大伤亡，被迫于 1971 年 8 月全部从约撤出。此后巴解把总部转移到黎巴嫩，加强以黎为基地的反以军事行动。1973 年 10 月，埃及、叙利亚发动收复失地的第四次中东战争——十月战争，巴游击队组织出动 2.5 万人次参加战斗，袭击以后方，进行配合。1979 年 3 月，埃及与以色列签订"戴维营和约"。埃及作为主要对阵国的退出，大大削弱了抗以阵线，实际上使阿拉伯方面处于"欲战不能"的境地。1982 年 6 月，以集中 10 万兵力，发动第五次中东战争——黎巴嫩战争，企图一举消灭巴解武装的主力。以军在当时任国防部长的沙龙指挥下，与在黎巴嫩基督教民兵配合，进攻、围困在黎巴嫩的巴勒斯坦难民营和游击队基地达两个月之久。巴解孤立无援，人员再次受到严重损失，最后在美国、埃及调停下，1.2 万名游击战士被迫携带轻武器离开黎巴嫩，撤至苏丹、伊拉克、利比亚等八个远离抗以前线的阿拉伯国家。巴解总部遂迁往突尼斯。

巴解提出和平倡议的内外背景

经过几十年的较量，阿拉伯国家没有把以色列赶入大海，反而自己失去大片土地；而巴勒斯坦方面则全部土地为以占领，并丧失了依托以周围国家进行武装斗争的基地。从 20 世纪 80 年代开始，越来越多的阿拉伯国家认识到，用武力收复失地不现实。巴解内部以阿拉法特为首的主张和平解决巴以冲突的温和力量占了明显上风。大多数以色列人也逐渐意识到，占领阿拉伯更多土地并未得到和平与安全，战争方式不可取。从国际上看，随着苏联国力下降，美取得了中东地区的主导地位，为维护地区相对稳定，更加积极推动中东问题的和平解决。在上述内外因素影响下，1982 年 9 月，阿拉伯国家非斯首脑会议第一次集体向以色列提出解决中东问题的和平方案，其中包括在以撤出的它在 1967 年占领的巴勒斯坦领土上建立独立巴勒斯坦国的内容，含蓄地承认了以的存在。这样，阿拉伯拒绝阵线实际已瓦解。据悉，1979 年巴解全国委员会内部已批准在以撤出的西岸和加沙建立小巴勒斯坦国的方案，阿拉法特是带着授权出席这次非斯首脑会议的。

1987 年 12 月以军车撞死加沙巴无辜平民事件，触发了加沙和西岸巴勒斯坦人的起义斗争。他们用石头对付以军队的枪弹，故被人们称为"石头起义"。起义的主要口号是：以色列退出 1967 年战争中占领的阿拉伯领土，让巴人民实行自决。巴解参与了这场斗争的领导和组织工作。以当局的血腥镇压导致近 2 千名巴勒斯坦人死亡，2 万多人受伤，1 万多人遭逮捕、监禁。这场斗争沉重地打击了以占领当局的统治，赢得了国际社会对巴事业的关注、同情和支持，进一步提高了巴解的地位，震动了中东和世界。1988 年 6 月，阿拉伯国家特别首脑会议在阿尔及尔召开，阿拉法特与会。会议要求在联合国监督下先让约旦河西岸和加沙的巴勒斯坦人实行自决，然后建立以耶路撒冷为首都的独立的巴勒斯坦国。7 月，约旦作出结束与约旦河西岸法律和行政关系的决定，为巴人民建国扫除了障碍。同时，以色列统治集团内部一些有识之士也认为不能永远占领巴土地，主张根据"土地换和平"原则通过谈判，寻求解决巴以冲突。

在此背景下，阿拉法特认为政治解决巴勒斯坦问题的条件渐见成熟。1988 年 11 月，巴解在"阿尔及尔宣言"里宣布接受联合国 181 号决议和安理会 242 号决议，同时提出要求通过和平方式恢复巴民族权利。

这意味着巴方事实上承认了以色列的存在，并愿通过谈判在以撤出的1967年占领的巴土地——西岸和加沙——上建立一个"小巴勒斯坦国"。应该说，这是巴解方面的一个重大让步。但以态度顽固，拒不承认巴解的代表性，也不肯谈判。后在美国调停下，经过三年时间的多方折冲樽俎，以才终于同意出席马德里中东和平会议，坐下来与巴解谈判。1991年11月阿拉法特在中东和会上正式提出在约旦河西岸和加沙建立以东耶路撒冷为首都的独立的巴勒斯坦国，作为谈判目标；而以方仍强调谈判权限仅为巴被占领土的自治问题。从此，巴以和平进程正式启动。

巴以和平道路布满荆棘，漫长曲折

为了解释巴解新的和平战略，并与我国协调立场，阿拉法特于1988年10月和1989年10月两次访华。我作为大使参与安排这些访问的全过程，为此还多次受到阿拉法特接见。我记得，阿拉法特在访问中着重向我领导人说明了巴方向以提出和平倡议的内外因素。他说，目前国际形势趋向缓和，各国人民要求和平的呼声增高，一些长期的地区冲突如南非和柬埔寨问题正走向和平解决；同时巴勒斯坦被占领土人民的石头起义，对以色列社会产生深刻影响，也取得了国际上的广泛同情和支持，出现了通过谈判解决巴以问题的前景。我领导人高度评价了巴方的和平倡议，指出这是现实的明智的步骤，但认为实现过程将可能是曲折、漫长的。阿拉法特表示完全同意。他说：巴解承认以色列存在是有原则的，即必须实现在自己土地上建国的目标，因此斗争将会是艰苦的，特别是回到巴内地进行抵抗运动困难会更多，对此巴方是有准备的。他还告诉我领导人，当时巴解内部有些人对回内地斗争有过犹豫，担心受以控制，失去行动自由。他是这样说服大家的：他理解大家的担心，这种危险性是存在的，但目前既然出现了和平解决巴勒斯坦问题的"历史机遇"，就要及时抓住，否则会"稍纵即逝"，这种情况过去是发生过的。我记得他讲话时神情严肃、果敢，大有为了民族大义，"不入虎穴，焉得虎子"、"我不入地狱，谁入地狱"的气概。

后来的事实发展表明：通过和平方式解决巴以争端是最佳选择，

但实现的道路确实是漫长、曲折的，充满着冲突、战乱，其艰巨惨烈、扑朔迷离的程度远远超乎人们的预料。

从 1991 年 12 月起，巴以双方在克林顿政府斡旋下，在巴被占领土第一次石头起义（从 1987 年 12 月到 1992 年底）配合下，经过 20 个月的 11 轮秘密谈判，终于在 1993 年 8 月达成了奥斯陆协议。据此，同年 9 月阿拉法特和以总理拉宾在克林顿主持下签署了"华盛顿宣言"。奥斯陆协议规定：以同意巴在部分被占土地上实行为期五年的自治，在此期间，双方根据安理会 242 号决议就巴最终地位问题达成永久性解决，时间不迟于 1999 年底。这是巴以和平进程取得的一个初步突破。但是协议回避了恢复巴勒斯坦主权和建国等根本问题。

从 1993 年 10 月起，双方就实施巴自治问题进行谈判。1994 年 7 月阿拉法特返回离别 27 年之久的内地，以巴民族权力机构主席身份，在巴勒斯坦土地上领导巴勒斯坦人民解放事业。1998 年 12 月，阿拉法特在加沙主持召开巴勒斯坦各界人士大会，宣布废除巴解组织宪章中有关"消灭以色列"的条款，为双方合作创造了一些和解气氛。经过七年艰苦工作和斗争，巴在自治方面取得一些成果。到 2000 年 9 月，巴勒斯坦收回加沙、西岸近 40％土地，开始在那里实行自治。

但和谈中，巴以在两个重要方面争执不下：（一）关于扩大自治区范围的谈判，原定 1999 年 5 月结束，因为以方坚持保留和扩建犹太人定居点，控制战略地区，虽经多次延期，到 2000 年 9 月一直没有取得结果。西岸、加沙大部分土地仍被以军队占领。（二）1996 年开始的巴最终地位谈判，原定 3 年完成，也由于双方在耶路撒冷地位、巴勒斯坦难民回归、划界、安全安排等涉及主权的重大问题上存在根本分歧，到 1999 年中仍未达成协议。为此，巴勒斯坦群众中不满情绪在普遍增长。

在和谈同时，巴以各种流血事件不断发生。有双方内部的反和势力为干扰和谈制造的事端，有因宗教、土地等问题引发的冲突，有巴解下属不同组织领导的反对以占领的武装活动，也有以政府对巴抵抗运动采取的军事打击。

从 1991 年 11 月马德里中东和会算起，巴以和平进程已经历近 13 个年头；如果以 1993 年 8 月奥斯陆协议为起点，这个进程也超过 11 年了。由于巴以之间存在的领土、主权等根本矛盾得不到解决，加上上述来自双方内部各种因素的影响和干扰，尤其是以色列政权更迭，右翼集团上台对和谈采取强硬态度，使和平进程经常出现波折。

（一）1993 年 10 月巴以进入自治谈判的开始阶段，在以温和派工党领袖拉宾执政期间，和谈进展比较顺利。1995 年 9 月拉宾与阿拉法特签订"塔巴协议"，应允从约旦河西岸 6 个城市和 450 个村镇撤军，招致以极右分子的忌恨。11 月拉宾在一次和平集会上遭暗杀，和平进程产生不稳定因素。

（二）1996 年 5 月，以右翼"利库德集团"领袖内塔尼亚胡总理上台，采取强硬立场，宣布"以安全换和平"代替拉宾的"以土地换和平"，声称不同意巴建国，不谈耶路撒冷问题，不停止扩建定居点，巴以关系遽然紧张。同年 9 月，以开放穿越耶路撒冷穆斯林圣地阿克萨清真寺的地下通道。巴勒斯坦人认为以色列此举意在改变耶路撒冷问题现状，结果以军队与巴群众之间爆发了严重冲突，造成 70 多人死亡，上千人受伤。1997 年 3 月，以在东耶路撒冷的哈尔霍马（阿拉伯地区）建立新的犹太人定居点，巴勒斯坦人反对，以军开枪打死多人。7 月和 9 月耶路撒冷发生两次巴勒斯坦人的自杀性爆炸事件，以平民遭到重大伤亡，以宣布中断和谈。其间在内外压力下，内塔尼亚胡政府虽与巴自治当局签订了一些撤军协议，但未能完全执行，和平进程陷于僵滞。

（三）1999 年 5 月，工党领袖巴拉克总理执政后，表示奉行拉宾的和平路线，重新启动和平进程，并取得了若干进展。但是谈判越到后面，碰到的问题难度就越大，如从耶路撒冷附近人口集中的心脏地区撤军，以及建立连接西岸与加沙的安全通道等敏感问题。特别是巴最终地位谈判问题，事关独立、主权，更是块难啃的骨头。因此，巴方多次宣布 1999 年底前达成协议、建立巴勒斯坦国的目标一再落空。2000 年 8 月，克林顿邀请阿拉法特和巴拉克赴戴维营会谈，企图做最后挽救，也以失败告终。在此情况下，巴群众失望和愤懑情绪迅速滋长达到顶点，9月利库德集团领导人沙龙闯圣殿山清真寺犹如一颗火星溅在干柴上，引发了巴被占区人民第二次石头起义，以当局随即进行军事镇压，重新占领巴自治区大片土地。这样，大规模流血冲突破坏了巴以领导人之间多年建立起来的承诺，和平进程严重倒退。

（四）2001年5月以色列右派领袖沙龙出任总理后，实行高压拒和方针。以当局在布什政府鼓励下，以"反恐"为掩护，武力重占大批巴控制的城镇，刺杀巴高级领导人（炸死人阵总书记），并把打击矛头直指阿拉法特及其领导的民族权力机构，将这个机构定性为"支持恐怖主义的实体"，宣布断绝同阿拉法特的一切联系。2002年3月后，以军多次对加沙巴自治机构驻地进行野蛮轰炸，对阿拉法特进行围困并断电、断水，将其软禁在拉马拉，企图另找人选取而代之。2002年7月，为了刺杀哈马斯军事领导人谢哈德，沙龙命令以空军派出F-16战斗机，对谢哈德在加沙的寓所发射了1吨重的激光制导导弹，当场炸死16人，其中包括一名只有两个月大的婴儿。两天后，加沙有25万人参加了谢哈德的葬礼。沙龙当局残酷的军事打击，特别是杀害平民的行动，激起了巴群众愈来愈多的反以、抗以活动，其中包括用"人体炸弹"进行报复。截至2002年12月，在两年多的冲突中，双方死亡2710人，其中巴人2030人，以人680人；伤者不计其数。和平进程遭到11年来最严重的挫折。

（五）2003年初，沙龙再次当选总理，继续采取强硬蛮横的政策。巴以之间"以暴易暴"、"冤冤相报"，冲突愈演愈烈，两个民族结怨越来越深。

2003年底，沙龙提出"单方面脱离接触"计划，认为以巴不可能通过谈判就双方争端达成协议，决定从2004年6月起两年内单方面有条件地撤离加沙地带；但对战略地位重要的巴被占领土主要部分——约旦河西岸避而不谈，而且强调继续修建隔离墙，加紧对西岸的军事控制。这个计划的实质是，回避"土地换和平"的基本原则，以实力为后盾，通过单边行动，吞并西岸大部分土地，造成巴以分离的事实，保证以的绝对安全。这样，实际上中止了巴以和平进程。从 2004 年年初开始，以色列的定点清除政策有了进一步升级，3 月先后在加沙刺杀哈马斯精神领袖亚辛和主要领导人兰提斯；对阿拉法特继续用重兵围困软禁在拉马拉官邸，直到 10 月 29 日他病危被送往法国抢救。

（六）2004 年 11 月 11 日，阿拉法特在巴黎逝世，巴民族运动进入低潮。其主要标志是巴解内部发生分裂，同室操戈，哈马斯把法塔赫赶出加沙，在那里接管了权力。巴以和平进程完全停顿。

（此文发表于 2004 年 12 月）

我所知道的中东和平进程先驱者的业绩与精神

2005 年，随着阿巴斯继任巴勒斯坦民族权力机构主席，在美国推动下，中断四年多的巴以和平进程重新开始启动，但障碍很多，实现中东全面公正和平仍是任重道远。半个多世纪来，中东和平进程先驱们为实现这个崇高目标付出了毕生精力，有些人还献出了生命。这些开拓者中，布尔吉巴、萨达特、拉宾和阿拉法特已离我们而去，唯一在世的是以色列政界元老佩雷斯。

我愿根据所见、所闻、所读、所感，对他们为推动中东问题的全面公正和平解决所做出的伟大业绩和遭遇的艰难险阻、表现出的高尚精神与非凡风格以及某些局限和不足，做些介绍。

率先提出同时承认巴以"国际合法性"的布尔吉巴

在上述先行者中，突尼斯总统布尔吉巴是非洲老一代有远见卓识的政治家。20 世纪 70 年代初，他在一次公开谈话中提出，应该同时承认巴勒斯坦和以色列的"国际合法性"，这将为阿拉伯和犹太两个民族和平相处开辟道路。布尔吉巴这个主张的背景是，1967 年"六·五战争"后，国际上推动阿以和平解决中东问题的活动增加，巴解组织也想借此促以色列承认巴人民在约旦河西岸和加沙建国的权利。但是以色列坚持扩张政策，拒不撤出占领的阿拉伯土地，不承认巴民族权利；阿拉伯世界仍普遍认为，以占领巴勒斯坦是"非法"的，不少人甚至认为以色列国应当被消灭，应当被"赶到大海里去"。和平解决中东问题的条件尚不具备。

在这种情况下，布尔吉巴的倡议一提出，立刻在中东掀起一场轩然大波，布尔吉巴被斥为"阿拉伯民族的叛徒"。但他不为所动，后来证明他的主张是富有远见的，是符合阿（巴）以相互承认、逐步走向和解的历史趋势的。而1982年当巴勒斯坦武装力量在黎巴嫩遭围困、处于逆境时，正是他站出来维护巴民族权利，毅然欢迎阿拉法特、巴解总部和部分战士从黎巴嫩撤到突尼斯。

布尔吉巴处理内外事务表现出来的这种务实无畏的反潮流精神早有所闻，待到20世纪80年代后期我赴突尼斯出任大使，有了具体了解后，对他的敬重更为增加。例如他20世纪中叶在突尼斯推行"温和"的社会主义，废除"一夫多妻制"，以及对东西方实行"平衡外交"等。对此，我在《目睹布尔吉巴总统遭废黜有感》一文中均有介绍。

人无完人，布尔吉巴晚年迷恋个人权力，搞终身制，犯了错误。但他66年漫长政治生涯中为突尼斯以至北非国家建立的历史功绩，不会被人忘却。他在长期实践中创立的以"温和、渐进和现实"为本的布尔吉巴主义，在亚非地区有一定影响，也将作为精神财富遗留下来。

第一个与以色列缔交的阿拉伯国家领导人萨达特

我在埃及出任大使期间，曾多次去萨达特墓凭吊。萨达特是1981年10月6日十月战争八周年阅兵典礼上被伊斯兰极端分子刺杀的，死后就安葬在他生前最后一次阅兵的检阅台的对面——金字塔形的十月战争无名战士纪念碑旁边。他的墓简朴庄重，用长方形的白色大理石砌成，墓碑上镌刻着："萨达特总统，战争的英雄、和平的英雄，他为和平而生，为原则而死"。

我在埃及期间，听到不少萨达特指挥十月战争的故事，读了许多有关这场战争的评述，多次自己或陪同他人去参观按原貌保存下来的苏伊士运河前线阵地，深感萨达特不愧为战争英雄。他领导埃及人民在十月战争中大长阿拉伯人志气，雪了"六·五战争"的大耻。1967年6月5日，以色列发动突然袭击，在6天战争中使埃军遭受严重伤亡，死11500人，伤3万多人；3/4的空军——304架战机被毁；丧失整个西奈半岛6.1万平方公里土地，苏伊士运河被迫关闭。1970年萨达特执政后，卧薪尝胆，把解放被占领土作为首要任务，提出"渡过运河葬身战场，要比接受1967年失败后蒙受的奇耻大辱光荣千百倍"。1973年10月6日，在萨达特指挥下，埃军迅速突破以色列的巴列夫防线，控制了运河东岸10到15公里狭长地带。16小时内，全歼以3个装甲旅、1个步兵旅，击毁以坦克300辆（占以坦克的86%），击毁以军战机1/3，毙敌数千人；而埃及仅损失20辆坦克（占埃投入的2%），5架飞机（占埃投入战机的2.5%），死280人（占投入兵力的0.3%）。后来主要由于美国对以色列的大力支持，形势逐渐对埃及不利，埃被迫接受停火。但整个战争使以军死2838人，伤8800人，远超前两次战争死伤的总数，以色列"不可战胜"的神话被戳穿。梅厄总理惊呼，十月战争对以色列来说几乎是一场灾难、噩梦，令她永生不忘。

埃及在十月战争中取得成功，有军事和政治两方面的因素。

从军事上说，以中了埃的疑兵计，也是它骄傲自满导致的恶果。1973年5月和8月，埃在前线进行了两次大规模的军事演习和调动，以均作出了反应，军队两次动员，花去两千多万美元。第三次10月埃及对以色列发动袭击，以总参谋部认为又是"狼来了"，最初接到前线紧急通报还不相信，以为又是演练。当时任以总参谋长的达扬后来承认，以色列确实没有想到，埃及会在"六·五战争"六年之后对以开战，估计埃至少要一二十年才能重新爬起来。埃这次突袭取得了与以发动"六·五战争"一样好的效果。埃220架轰炸机在20分钟内摧毁了以在西奈的军事指挥部和雷达中心、导弹基地和炮台，以及90%的军事设施。这里我要特别提一下，穆巴拉克当时任埃空军司令，他在重建埃空军、指挥这场战役方面作出了重要贡献。

渡河战役是十月战争的重头戏。1967 年以占领西奈后，以在苏伊士运河西岸修了一条 170 公里长的防线。这条防线分几层：最前面沿河岸用沙子垒起一道高 17 米的土屏，作为阻止坦克登陆的主要障碍；后面是钢筋水泥炮台，配备各种现代化武器，周围又有铁篱和深沟，构成立体火力网。以用当时总参谋长的名字命名为"巴列夫防线"，宣称它是埃军渡河不可逾越的铜墙铁壁。但出人意料，这个不可一世的堡垒，在埃军进攻下迅速崩溃了。战争开始，埃方空军猛烈轰炸之后，又以 200 门野战炮攻击以阵地，扫清前进障碍。随后，4 千人的先头部队开始渡河，他们坐橡皮艇，携带 70 组高压水枪冲向对岸，用水枪喷射沙堤工事，使之顿时化为烂泥，从而打开了 70 个宽 6 到 7 米可容坦克通过的缺口。最后，8 万步兵在坦克掩护下经过浮桥，冲上运河东岸。这样，埃军仅用 16 个小时就突破巴列夫防线，取得渡河大捷。这反映埃军有相当高超的指挥和组织水平、良好的素质和训练。尤其值得一提的是，埃及保密工作做得好。埃方用水枪破以沙堤工事的模拟训练，在埃西部沙漠中多次进行，一直没有被以察觉。但我听到一个令埃及虚惊一场的插曲，即当埃方向西德购买大批水枪时，曾引起人们的猜疑——怎么埃及突然成为世界火灾多发区。只是以的麻痹大意帮了忙，才没有因此让埃及的秘密武器露了馅。

20 世纪 90 年代初，我们驱车从伊斯梅利亚穿越苏伊士运河隧道，到对岸参观当年的巴列夫防线，看到被埃军摧毁的碉堡，以及以军逃跑时留下的坦克残骸。

政治上的准备，主要是摆脱苏联控制，使埃能放手准备和发动十月战争。苏联利用 1967 年的"六·五战争"向埃提供军援，派出大批军事顾问，同时培植亲苏势力，进行政治渗透。苏支持埃与以色列进行有限"的军事行动——消耗战，但同时拖延交付军事装备，拒不提供或反对使用进攻性武器，阻止埃对以正式开战。这样，苏既可避免与美对抗，又能防止埃以媾和，继续保持埃以这种"不战不和"局面，对它控制埃及、向中东扩张最为有利。纳赛尔晚年多次访苏，要求增加军援和给予对

以开战权均未果，使他"欲战不能，欲和不成"，郁闷至极，心力交瘁，终于 1970 年 9 月心脏病突发身亡。所以，人们说纳赛尔实际上是被苏联逼死的。

萨达特执政后，苏联采取同样的政策，引起他的极大不满和反抗。1971 年 5 月，萨达特发动"纠偏运动"，逮捕了埃及社会主义联盟总书记萨布里、国民经济部长法齐、内政部长戈马等亲苏集团主要成员。同年 3 月，萨达特访苏，要求提供进攻性武器，柯西金答应给一些战斗机，但条件是只有苏联同意才能使用。萨达特予以拒绝，表示作出使用武器决定的只有他总统本人。1971 年 5 月、10 月，1972 年 2 月，萨达特又三次访苏，对苏拖延交付武器表示不满，重申不要苏军参战，也不介入美苏冲突。1972 年 4 月，萨达特访苏，再次要求提供先进武器，苏允许供给。但 7 月 6 日，苏驻埃大使转达苏共中央口信又食言，并声称不让埃及进行任何战斗。萨达特勃然大怒，宣布辞退 15000 名苏军事顾问和专家。8 月 30 日萨达特致函勃列日涅夫，指出：他先后四次访苏，研究反抗以侵略，等待苏武器，但始终没有结果。只要苏专家在埃及国土上，就谈不上开战，与以 3 年消耗战，也没有打出结果。接着，萨达特到埃及夏都——亚历山大办公，拒绝接见苏大使听取苏解释。却作出决定，同意埃安全事务顾问伊斯迈尔去见基辛格。同时加紧准备与以开战。后来的事实表明，当时萨达特已决定摆脱苏联，放手准备对以战争，同时转而依靠美国施压以让步，通过和谈收复失地，与以媾和。基辛格在他的回忆录里说，他于 1973 年 11 月初第一次访问开罗时，萨达特就对他直言，他发动十月战争，不是要战胜以色列，而是为了在"尊严基础上"与以媾和，从单独解决推向全面解决，希望美国能从中斡旋。这次秘密接触，美摸到了埃联美压以促和的意图。后来，萨达特为了靠向美国，于 1976 年宣布废除"埃苏友好合作条约"。这是冷战时期苏联在中东最惨重的失败。

萨达特确实又是一位"和平英雄"，他是一位敢作敢为的人。继摆脱苏联控制、发动十月战争后，他对外采取的第三个震动中东以至世界的行动是实现与以媾和。1973 年 11 月 5 日至 1974 年 1 月 18 日，基辛格到中东三次穿梭访问，促成埃以第一个脱离接触协议。以后由于1974年至1976年间美统治集团内部争吵，发生"水门事件"，美无暇顾及中东，埃以和谈陷于停滞。1977年11月，萨达特排除一切阻力，毅然前往耶路撒冷与以总理贝京会晤，打开埃以直接对话渠道。1978年9月，在美国斡旋下，埃以签署戴维营协议。协议规定：（一）埃以签订和约，以撤出西奈半岛，埃同意以船只通过苏伊士运河。（二）关于巴勒斯坦，5年内，由埃、以、约（约旦）同当地巴勒斯坦人民代表讨论西岸和加沙地带的归属问题。次年，埃以两国签署和约，1980年实现建交，互派大使。至此，埃及结束与以色列长达30年之久的战争状态，并逐步收回全部西奈半岛。

萨达特的和平行动在国际上褒贬不一。他的支持者称萨为"和平英雄"，为此他获得1978年的诺贝尔和平奖。但这个行动，在中东和伊斯兰世界遭到强烈的反对，许多阿拉伯国家指责他搞"单独解决"，"背叛阿拉伯事业"；多数阿拉伯国家与埃断交，其中17国对埃实行政治、经济制裁，阿拉伯联盟和伊斯兰会议组织决定中止埃成员资格。

我国领导人在内部谈话中对萨达特的行动做了公正评价，同时也提出一些忠告。1980年1月，邓小平对访华的穆巴拉克副总统说，中国最能理解埃及的立场和处境。因为长期承受战争负担不行，消灭以色列不现实，所以采取反对以色列扩张主义，但不提反犹太复国主义。我们的理解，还基于你们坚持以下三条：全面解决中东问题；收复被占领的阿拉伯领土；恢复巴勒斯坦民族权利，包括建国权利。中东问题的根本解决，要靠阿拉伯国家的联合和团结，埃及在这方面起着重要作用。埃及要以兄长态度对待其他阿拉伯国家。不管多少国家批评你们，你们要考虑处理方式，甚至某种容忍也是必要的。归根到底，要做工作。

邓小平的谈话从埃及和中东实际出发，高瞻远瞩，肯定了埃及和平行动的方向，同时强调阿拉伯团结的重要性，至今仍有指导意义。我觉得，萨达特的和平行动确实代表了埃及和中东长远利益。首先，这个行动符合埃及民族利益，是得民心的。埃及在前四次中东战争中，总是首当其冲，承担最大的民族牺牲，人力、财力损失最大。据统计，在战争中，埃共牺牲10多万人的生命，耗资400多亿美元，债台高筑，欠苏50亿美元，借美30亿美元，人民厌战。埃以媾和，使埃及收复西奈，取得长期和平环境，政局稳定，进行经济恢复和建设，提高人民生活。其次，埃以和约是阿（阿拉伯）以间第一个建立在公正基础上的和平协议，为今后中东全面、公正和平开辟了道路。更重要的是，埃及继续支持阿拉伯特别是巴勒斯坦的民族事业。1977年11月20日，萨达特在以色列议会上发表（中东）和平宣言，提出要实现持久、公正和平，必须遵守以下原则：1. 幸福不能建立在别人痛苦之上。2. 用一种语言、政策同他人打交道。3. 直接对话。4. 按照联合国决议，以必须从1967年占领的全部阿拉伯领土上撤走，并且承认巴勒斯坦人民的基本民族权利包括建国权利。5. 阿拉伯民族是有力量的。萨达特的讲话，表达了阿拉伯民族的尊严，代表了它的利益，也提高了他本人的威信。

当然，萨达特行动受到历史条件限制，政策和做法上也有失误与不足。戴维营协议确使埃及和中东付出重大代价。以色列利用阿拉伯国家分裂，大力推行"大以色列计划"，拒绝承诺在巴问题上的让步；美偏袒以，把萨达特逼到墙角。1973年之后，埃及过分靠近美国，与以妥协，萨达特本人"以牙还牙"、攻击一些反对他的阿拉伯领导人，使埃疏远了不少老朋友。同时埃采取开放政策，也加剧了国内的两极分化。这些在萨达特执政后期，触发了国内广大阶层对政府和现状的不满。

尽管如此，萨达特在缔结埃以和约、推动中东和平方面所作出的历史贡献和表现出来的敢作敢为的大无畏精神，是不可抹杀的。英前首相撒切尔夫人说，萨达特是一位伟人，如果他认为应该完成某种事业，他会冲破所有阻力，勇往直前。前联合国秘书长加利说，中东和平进程是已故萨达特留下的遗产。前联合国秘书长瓦尔德海姆说，萨达特是一位具有远见卓识和大无畏精神的领袖。没有人能否认他对自己信念的勇气、他的历史作用，以及他对自己国家的献身精神。

领导巴勒斯坦人民从武装斗争转向政治解决为主新阶段的悲剧英雄阿拉法特

开创巴勒斯坦人民的武装斗争

阿拉法特是巴武装斗争的开创者。他1929年8月4日生于开罗（一说耶路撒冷），3岁丧母，开始和叔叔在耶路撒冷生活。1946年，他17岁时就参加反对犹太复国主义的斗争，从埃及将武器运进巴勒斯坦。1948年5月，阿拉法特与许多巴青年一样，参加阿拉伯国家反对以色列建国的第一次中东战争。结果阿拉伯国家被打败，与英美支持的以色列签订停火协议。以色列占领一部分原划给"巴勒斯坦国"的领土；巴国其余部分，约旦河西岸和东耶路撒冷为约旦占领，而加沙则在埃及控制之下。战后，巴勒斯坦人被解除武装，大批巴难民流亡到周围阿拉伯国家，阿拉法特也逃亡开罗。这件事给年轻的阿拉法特心灵上留下深刻创伤，他深感没有独立的武装力量而寄人篱下，将会落到何等悲惨境地。

尽管受到挫折，他仍笃信武装斗争，1949年他只身回到加沙，参加反以武装活动。1956年10月底，英法以侵略埃及、第二次中东战争爆发后，他加入埃及军队，走向前线。1959年，阿拉法特创建巴勒斯坦第一个抵抗组织法塔赫（巴民族解放运动）。同年以法塔赫为主，与人阵、民阵、闪电等抵抗组织成巴解放组织（简称"巴解"），他任主席。1965年1月1日，他领导的法塔赫武装力量进入巴北部，打响抗以第一枪。1968年3月，他指挥巴武装力量进行卡尔玛战役，创造以少胜多的战绩。然而以国土狭小，以巴力量悬殊，巴武装在以境内无回旋、生存条件，只能在周围阿拉伯国家寻找基地，造成许多矛盾和问题。同时巴为寻求国际支持，政治斗争也愈益提上日程。

领导巴人民从武装斗争向政治斗争为主转变

（一）争取国际政治支持。1967年6月5日以色列发动第三次中东战争，占领埃及西奈半岛、叙利亚戈兰高地以及整个巴勒斯坦。1967年11月，联合国通过242决议，要求以撤出"六·五战争"中占领的阿拉伯领土，公正解决巴难民问题。阿拉法特认为，巴解可以利用联合国讲坛，开展国际活动，争取对巴勒斯坦民族事业的支持，寻求与以和平解决的途径，同时坚持从以邻国出发在被占领土开展反以武装袭击。这方面最突出的标志是，1974 年 11 月阿拉法特率巴解代表团以观察员身份出席 29 届联大，挥动手臂留下一句名言："我今天来到你们中间，一手拿着橄榄枝，一手拿着自由战士的枪。请不要让橄榄枝从我手中落下。"记者拍下阿拉法特讲话的照片，成为巴从武装斗争向政治斗争转变的象征。积极开展国际活动的一个重要成果是，1976 年联大通过决议，支持在被占领土约旦河西岸和加沙成立巴勒斯坦国的计划，确认巴解是全体巴勒斯坦人（包括被占领土内）的唯一合法代表。

（二）从 20 世纪 80 年代开始，在逆境中保存武装力量，把重点转向和平解决巴以冲突的政治斗争。1979 年埃以媾和，埃及退出抗以阵线。1982 年 6 月，以集中 10 万兵力进军黎巴嫩，在黎巴嫩基督教民兵配合下，围攻巴勒斯坦游击队，被称为第五次中东战争。阿拉法特率领孤军血战 86 天，人员遭受重大损失，最后在美国、埃及调停下，12000 名游击队携带轻武器离开黎巴嫩，撤至远离抗以前线的阿拉伯国家，巴解总部迁往突尼斯。

此后，在阿拉法特领导下，巴解主要做两件事：1. 支持巴被占领土人民的抗以斗争。1987 年 12 月，爆发了加沙和西岸巴勒斯坦人的"石头起义"。这场历经五年的起义，震动中东和世界。其口号是，以撤出 1967 年占领的阿拉伯领土，承认巴人民自决。2. 在阿拉伯范围内寻求政治支持。1988 年 6 月，阿拉伯特别首脑会议要求在联合国监督下先让约旦河西岸和加沙的巴勒斯坦人实行自决，然后建立以耶路撒冷为首都的独立巴勒斯坦国。在内外影响下，以国内一些有识之士主张根据"土地换和平"原则通过谈判，寻求解决巴以冲突。但巴解的行动引起以右翼集团的忌恨，多次策划对阿拉法特的暗杀行动，他的两位主要助手阿布·杰哈德和阿布·伊亚德不幸先后遭以"摩萨德"刺杀。

（三）1988 年阿拉法特提出和平战略，巴以开始漫长、艰难、曲折的和平进程。在上述背景下，阿拉法特认为，政治解决巴勒斯坦问题的条件渐见成熟。当年 11 月在他主持下，巴解全国委员会召开第 19 次特别会议，发表"独立宣言"，决定建立巴勒斯坦国，同时宣布承认联合国 181 号决议（即 1947 年的分治决议）和安理会 242 号决议，表示愿意通过和平方式寻求恢复巴民族权利。这标志着巴解放运动进入以政治斗争为主的新时期，但暴力冲突依然不断。

对巴解的和平倡议，以一开始采取傲慢、拖延态度。在美国调停下，经过 3 年时间的多方折冲樽俎，以最终同意出席 1991 年 11 月的马德里中东和会，开始与巴解谈判。在克林顿政府斡旋下，1991 年 12 月起，巴以经过 20 个月的 11 轮秘密谈判，终于在 1993 年 8 月达成奥斯陆协议。协议规定，以同意巴在部分土地上实行自治；双方决定继续谈判，就巴最终地位达成永久性解决，时间不迟于 1999 年底。巴以和平进程有所突破，但这是一个含混、有风险的协议，回避了恢复巴主权和建国等根本问题。

1994 年 7 月，阿拉法特"明知山有虎，偏向虎山行"，不顾艰险，返回离别 27 年之久的内地，以巴民族权力机构主席身份，在巴土地上领导民族解放事业。尽管经过巴方的艰苦工作和斗争，巴在自治方面取得一些成果，到 2000 年 9 月，巴收回加沙、西岸近 40% 土地；但由于双方在领土、主权等问题上存在根本矛盾，尤其对巴建国、耶路撒冷地位等问题的分歧无法调和，未能就永久解决达成协议。加上内部各种因素的干扰，特别是以右翼集团执政采取强硬态度，巴以和平进程出现倒退，流血冲突频发。2001 年 5 月沙龙出任总理后，实行高压拒和方针，武力重占大批巴控制的城镇，定点刺杀巴高级领导人。2002 年 12 月以来，以军把阿拉法特围困在约旦河西岸的拉马拉官邸，断水、断电，多次轰炸他的官邸，甚至威胁从"肉体上"消除他。阿拉法特被软禁在官邸达近两年之久，直到 2004 年 10 月 29 日病重搭直升机离开去巴黎抢救。

壮志未酬身先卒，长使朋友泪满襟。我从电视上看到阿拉法特离开拉马拉的镜头，他努力保持微笑，向人们送去数次飞吻，但脸色憔悴苍白，我知道他不久人世了。我回想起15年前他访华回来在突尼斯接见我时的情景，不禁潸然泪下。当时阿拉法特对我谈到回内地为寻求巴以和解而奋斗的设想，他神色坚毅，容光焕发，信心满怀，是准备冒一切风险的。但后来的事实表明，巴以和平的艰巨、惨烈程度超乎人们的想象，恐怕也超乎阿拉法特本人的预料。阿拉法特为巴恢复民族权利贡献一切，不幸最后未能回到耶路撒冷实现建国目标，使他终生抱憾。他的唯一遗言是，死后把他葬在耶路撒冷。他确实是一位悲剧英雄。

一生评价

阿拉法特于2004年11月11日在巴黎郊区陆军医院辞世，享年74岁。从1959年创建法塔赫算起，他领导巴勒斯坦人民斗争达45年之久。他作出的贡献和表现的高贵品德是有目共睹的。他在阿拉伯世界的传奇英雄地位，头缠黑白格头巾、身穿墨绿军装、腰别手枪的独特形象，是不可磨灭的。我感到下面几点是很突出的。

1. 毕生坚持建国、主权等民族目标，临危不惧，至死不变。在巴以谈判中，不管以方进行什么威胁利诱，阿拉法特始终坚守上述目标的底线。巴方要求独立、建立巴勒斯坦国，不仅遭到沙龙为代表的以强硬派的反对，就是开明的以工党领袖佩雷斯也只同意巴先自治，然后参加以巴联邦。耶路撒冷地位问题，也是谈判中难度最大的问题之一。它不但是以巴间的领土争端，而且涉及世界三大宗教，尤其是阿拉伯国家穆斯林把耶路撒冷视为自己的圣城。为此，巴坚持对东耶路撒冷拥有主权。据悉，2000年7月在戴维营会晤中，克林顿提出，以对整个耶路撒冷拥有主权，巴则在东耶路撒冷部分地区有自治权和若干市政管理权。以总理巴拉克立即呼应，表示如巴接受此方案，以准备让出约旦河西岸95%的土地。阿拉法特予以拒绝，他说："放弃耶路撒冷的阿拉伯领导人还没有出生。"

阿拉法特的大无畏精神突出表现在被围困在拉马拉的最后近两年的日子里。2003年3月29日，以色列军队以巴方使用自杀性炸弹为借口，对巴自治区发动大规模进攻，炮击阿拉法特官邸。阿拉法特大义凛然，向记者表示，宁肯成为烈士，也绝不向以军投降。同年9月11日，以沙龙为首的以安全内阁作出决定，"搬除（阿拉法特）这一障碍"。当晚，阿拉法特走出官邸大门，宣称："这是我的祖国，他们可以杀死我，但没有人能把我赶走。"同时态度自若地邀请40多位外国使节到官邸作客，向他们重申巴遵守奥斯陆协议，争取国际同情与支持。

2. 在武装斗争基础上，根据形势发展开展政治斗争。他具有务实精神和灵活态度，在不损害大原则的情况下，为公正和平解决巴以冲突，作出许多重大的战略调整和明智让步。如1988年11月宣布接受联合国181号决议和安理会242号决议，承诺用和平方式恢复巴民族权利。这意味着巴方事实上承认了以色列的存在，并愿意通过谈判在以撤出的约旦河西岸和加沙建立一个"小巴勒斯坦国"，比联合国181号决议规定的"阿拉伯国"面积还小五千平方公里。在中东和巴内地反犹气氛相当浓重、巴以积怨甚深的情势下，阿拉法特作出这样的决断，需要很大的政治勇气和现实精神。在最后两年中，尽管本人被以军围

1990年7月下旬，阿拉法特（左）以新建立的巴勒斯坦国总统身份，在其突尼斯官邸的书房亲切会见中国首任兼驻巴国大使朱应鹿（右）

困，但阿拉法特仍要求巴各抵抗组织保持克制，避免与以回到全面开战的老路。

3. 坚持内部团结。对于在斗争目标和方式上与他有分歧的巴组织，采取团结方针，避免分裂，一致对以。阿拉法特不赞成少数巴抵抗组织采用自杀性炸弹，多次表示这种做法伤害无辜，冤冤相报，不利于巴民族事业。但对于美、以要求巴方解除武装，则予严拒。阿拉法特对那些反对与以和谈、采取恐怖袭击的巴抵抗组织和派别，采取某些约束措施，但不主张对它们使用武力，以避免内战和分裂。例如对哈马斯前领袖亚辛，在以要求下，阿拉法特曾于2001年和2002年两度对其"软禁"，但不久即开禁。2004年3月，亚辛遭以暗杀后，阿拉法特称亚辛是"壮烈牺牲的英雄"，并决定致哀三天。

4. 为民族事业牺牲个人幸福。阿拉法特一生倾全力于民族斗争，过着简单的独身生活。晚年结婚后，又长期与妻女分离，只身在巴内地战乱环境中进行斗争。特别是最后"软禁"在拉马拉官邸，身心受到极大摧残，直到一病不起，才被送往法国，在巴黎郊区急救医院里与妻女诀别。

阿拉法特对巴民族事业殚精竭虑，鞠躬尽瘁，其所以功败垂成，主要是巴问题的异常复杂性和巴以力量的悬殊。当然，人孰无过，阿拉法特后期在领导巴事业中也有失误与缺陷。如2000年9月，沙龙闯圣殿山，激起巴内地人民义愤，爆发第二次"石头起义"。据了解，当时阿巴斯主张劝阻起义，阿拉法特未采纳，而采取了默许态度。结果以当局在挑起事件的右翼支持下，迅即对起义进行大规模军事镇压，使巴抵抗力量遭到重大损失，巴以和平进程严重倒退。此外，阿拉法特回内地领导巴民族权力机构工作中，也有任用亲属、管理不善等问题。

20世纪80年代末至90年代初，我在突尼斯出任大使4年。那时，突尼斯是巴勒斯坦解放组织总部所在地。1990年7月，巴勒斯坦国在突尼斯宣告成立，我被任命为首任驻巴勒斯坦国大使。在这四年间，我有幸受到阿拉法特17次接见，近距离观察、了解这位巴勒斯坦民族解放运动的领袖。令我难忘的是，1990 年 7 月下旬，阿拉法特以新成立的巴勒斯坦国总统身份，在其官邸书房里亲切会见我这位首任大使。我第一次看到这位一生忧国忧民、为巴民族解放事业奋斗终生的悲剧英雄，脸上露出难得一见的微笑。

走上寻求以巴和平之路的以色列将军拉宾

1994 年 12 月 11 日，我作为中国驻挪威大使，与其他使节一道，应邀出席授予阿拉法特、拉宾、佩雷斯诺贝尔和平奖的仪式。那天奥斯陆市政厅大礼堂灯火辉煌，嘉宾云集。挪威国王、王后亲自出席，坐在礼堂正中。当主席宣布授予三人和平奖时，全场起立，掌声雷动。我看到拉宾与阿拉法特握手时，心里特别激动。凭几十年的经历，我知道在巴以两个民族长期对立、仇视的大环境中，双方领导人决心握手言和"泯恩怨"，是何等不易，需要多大勇气和智慧啊！尤其是犹太复国主义非常浓重的以色列，其领导人要同意交还占领的巴土地，会承受多大压力，需冒多大风险啊！

1993 年 8 月，经过深思熟虑、反复斟酌，由以总理拉宾拍板，以巴双方代表在奥斯陆秘密草签了巴以第一个和约——《关于巴自治地位安排》。同年 11 月 13 日，以外长佩雷斯与阿巴斯在华盛顿正式签署上述协议。1994 年 7 月阿拉法特返回加沙，建立巴民族权力机构，在巴一些地区推行自治，同时与以就巴最终地位进行谈判。1995 年 9 月 28 日，拉宾与阿拉法特签署关于扩大自治区范围的《塔巴协议》。根据协议，以 10 天后从包括希伯伦在内的约旦河西岸 6 个城镇撤军；协议还规定 6 个月内完成第一阶段撤军，届时巴权力机构管辖的范围将扩大到西岸近 30% 的地区。巴勒斯坦国雏形已现，以极右翼势力惊呼"大以色列"之梦从此破灭。他们大骂拉宾是"叛徒"、"卖国贼"。大有山雨欲来风满楼之势。

为了反击国内右派，推进巴以和平进程，1995 年 11 月 4 日犹太安息日，以色列"支持和谈结束以阿争端总委员会"在特拉维夫国王广场组织 10 万人的和平集会，拉宾和佩雷斯出席。会上拉宾发表主旨讲话，他说："我当了 27 年军人，打了很长时间的仗，那是因为过去我别无选择，但是今天和平机会来临了。我们必须抓住这个机会。"接着他谈到有人反对他的和平方针，情绪激动地说："总会有和平的敌人，他们拼命地伤害我们，目的是破坏中东和平。我们已找到一位和平伙伴，那就是巴解组织。它已停止恐怖活动。为了解决以阿冲突最复杂持久敏感的部分——巴以冲突，双方要作出努力。我们愿为和平去冒任何危险。"最后他说："这次大会向全世界传达一个信息：以色列人民希望和平，支持和平。"当时已是晚上 7 点 50 分，他从衣袋里取出抄有《和平之歌》的纸条，与全场群众一起唱这支歌。唱毕，主席宣布大会结束。当他走下讲台，步向他的座车时，一个大学生从人群中冲出来，迎面向他胸口连开数枪，拉宾倒在血泊中，鲜血浸透了他口袋里《和平之歌》的纸条。11 月 5 日，以色列为拉宾举行葬礼，100 万民众参加，6 千多来宾出席，其中 44 位外国元首或首脑。9 日夜，阿拉法特到拉宾家中致哀，他对拉宾夫人利杨说，拉宾是和平的真正英雄。

一位职业军人，怎么会走上寻求和平之路呢？这里有个人因素，但更多是时势造成的。从拉宾毕生经历来看，他是一个捍卫以色列国家利益的人。1922 年拉宾出生在俄罗斯一个犹太复国主义思想很浓的家庭。父亲为重建犹太家园，不久便带着全家从俄迁到巴勒斯坦，并参加工党。拉宾从小就在这样的家庭中成长，到工人子弟学校学习。20 世纪 30 年代，犹太人和阿拉伯人矛盾激化。拉宾从 1941 年学生时代起，就参加捍卫犹太家园的秘密武装"哈加纳"突击队（帕尔马契），从而开始了他 27 年的军旅生涯。1947 年任帕尔马契副司令兼作战部长，参加建国前的一系列重要战役。50 年代出任以总参谋部作战部长，1964 年 42 岁当总长。1967 年，以总长身份指挥"六·五战争"，占领西岸、加沙、西奈半岛和戈兰高地。

但战争和胜利没有带来和平。1968 年拉宾退役从政，出任驻美大使；1974 年担任总理，1977 年下台。在此期间，国际、国内要求以撤出占领的土地、寻求和平解决中东问题的呼声日增。拉宾逐渐认识到，和平解决是历史潮流，只有顺应才能生存、发展。他的亲身经历让他懂得，战争使以付出沉重代价，也只能保持一时安宁，只有和平才是长久的安全保障。1992 年，70 高龄的他在大选中击败利库德集团的沙米尔，再次出任总理。他看到冷战结束给和平带来希望，上任不到一周，就向阿拉伯国家发起和平攻势。他选准以巴勒斯坦问题为突破口，接受巴解提出的"土地换和平"原则，同意向巴让出部分土地，给巴自治，但以安全为由拒绝接受建立独立的巴勒斯坦国。拉宾走向和平之路，最后一个原因是他有一位佩雷斯那样的"和平搭档"。佩雷斯有理论和主张，人又精明能干，对拉宾影响、辅助甚大。

主张与阿拉伯世界合作代替对抗的第一个以色列政治家佩雷斯

2001 年 1 月，我随外交学会代表团访问以色列时有机会见到佩雷斯。尽管那是巴内地第二次石头起义不久之后，巴以关系紧张，佩雷斯仍以工党主席、政府副总理兼外长身份接见我们，表示对巴以和平抱有希望，愿与阿拉法特保持接触。他已 78 岁高龄，满头银发，但依然神采奕奕，机敏过人，与我们交谈一个多小时，还回答了我们提出的问题。他强调，依仗军力占领（土地）与阿拉伯国家对抗是短视的，以色列发展之道在于依靠高科技与阿拉伯国家和平合作。他的远见和明智给我留下深刻印象。谈话结束后，他送我们走出会见厅，并在通向出口的门厅中央与我们合影。他对华友好，曾以以中关系促进会名誉会长身份四次访华。

佩雷斯 1923 年生于波兰，1934 年随父移居特拉维夫。从小受以左翼社会主义影响，在基布兹（集体农庄）生活。1959 年从政，多次出任工党政府部长，1982 年首次担任民族团结政府总理，还多次当选工党主席。他有实干精神，为以的现代化尤其是开发核武器作出过特殊贡献，被称为以"核武器之父"。

佩雷斯对推动中东和平特别是巴以和平非常执着。早在 20 世纪 80 年代初期任总理期间，他在处理与阿拉伯国家关系时，就表示接受土地换和平"原则，并决定从黎巴嫩撤军。

他对和平解决中东问题有理论指导和具体设想。1993年，他出任拉宾政府外长期间撰写了《新中东》一书，系统阐述了对中东和平发展的主张，其要点如下：

中东和平的指导原则：1. 放弃1967年战争中占领的土地，反对一个民族统治另一个民族，而且以的吞并政策将会导致阿拉伯人占多数，从而改变国家的犹太性。2. 决定一国实力的不是武器，而是高科技，用军事手段不能遏制恐怖主义。3. 中东思维应是理解、容忍与合作。

跨越犹太和阿拉伯民族的百年仇恨，建立中东和平新乐园。1. 谈判解决阿以问题，核心是巴勒斯坦问题，给予巴自治，通过自治使犹太人对巴建立信任，再进一步导致巴问题的最终解决，但反对建立巴勒斯坦国。最佳方案是成立（以约巴）邦联，巴的安全和对外关系由邦联中央政府负责。在巴自治地区，占领的土地不能全部给巴，以要控制约旦河谷，保留部分定居点，占据宗教圣地。2. 依照欧共体模式，

2001年1月15日，以色列工党主席、政府副总理兼外长佩雷斯在总理府门厅与中国外交学会代表团合影（左四为佩雷斯、右四是外交学会会长梅兆荣、左二为朱应鹿）

建立中东多国区域共同体，共同处理水源、交通、旅游、教育以及外资等问题。

依据上述原则，从 1991 年 12 月起，佩雷斯具体领导以色列与巴勒斯坦长达 20 个月关于巴自治地位的谈判，对手是阿巴斯。终于在 1993 年 8 月达成奥斯陆协议。据说在奥斯陆举行巴以秘密谈判，也是佩雷斯向拉宾建议的。他早年发展以核武器，是从挪威取得重水的。他认为，在奥斯陆谈判会比华盛顿更加有效。1993 年 8 月 20 日，佩雷斯到奥斯陆参加巴以《关于巴自治安排的原则宣言》的草签仪式。佩雷斯建议在华盛顿正式签署这项宣言，作为对美多年推动中东和平的回报。9 月 13 日，佩雷斯和阿巴斯在华盛顿正式签署了这个宣言（即奥斯陆协议），当时克林顿、拉宾和阿拉法特都在场。应该说，佩雷斯在促成奥斯陆协议方面起了重要作用。

拉宾遇害后，佩雷斯继承拉宾遗志，继续为以巴和平奋斗。1996 年 11 月 12 日，在特拉维夫举行有 25 万人参加的拉宾逝世一周年的和平追悼会。佩雷斯在会上讲话，他说：尽管拉宾被暗杀，我们大家决定继续走拉宾开创的和平道路。这是他给我们的最后遗言。和平是暗杀不了的。2001 年 12 月 12 日，他以副总理兼外长的身份反对沙龙政府把巴民族权力机构定为"支持恐怖主义的实体"。14 日，他又反对政府作出驱逐阿拉法特的决定，指出这将使以色列面临与阿拉伯国家的一系列复杂局面。2003 年 9 月 22 日，他以工党主席身份在国际和平研讨会上赞扬阿拉法特。他说：阿拉法特以开拓精神公开承认以色列，宣布通过谈判而不是恐怖手段解决巴以问题，并主张在约旦河西岸和加沙地带建立巴勒斯坦国。所以，授予阿拉法特诺贝尔和平奖是正确的。此前，他打电话给沙龙，再次指责驱逐阿拉法特的打算是"可怕的错误"。

（此文发表于 2006 年 1 月）

非洲纪实

埃及的古老文明，阿尔及利亚八年抗战的英勇事迹，突尼斯开放、温和的发展战略，黑非洲的富饶粗犷，都给我留下难忘的深刻印象。我在这里仅记述两件事情：亲历突尼斯首任总统布尔吉巴遭废黜；第一次踏上黑非洲土地，看到独立初期的几内亚和总统杜尔。

目睹布尔吉巴总统遭废黜有感

1987年秋，我作为驻突尼斯大使，亲历了执政达31年之久的布尔吉巴总统被"和平"地推下台的前前后后。如今，这位大半生叱咤风云、晚年却陷于困顿的老英雄已经作古。往事过去30载，仍历历在目，恍如昨日。同时，我与突尼斯有缘，多次访问这个国家，并在那里任职四年，对它的历史和现状有较多了解。因此，这次政权的更迭，也引起我不少回忆与思考。

判若两人

我是1987年9月16日向布尔吉巴总统递交国书的。没有想到，我竟有幸成为他接见的最后一位使节。我清楚地记得，当我进入迦太基宫接见大厅时，布尔吉巴总统拄着拐杖，从里屋颤颤巍巍地走出来。站定后，我向他致颂词，而他的答词是由外长马布鲁克代念的。接着，他按惯例坐下来同我交谈。开始，他的思维还清晰，讲了不少友好的话，特别赞扬了中国援建的麦崩水渠蜿蜒200多公里，把突尼斯西部高山上的水引到东部沿海平原，不仅解决了许多突尼斯人的饮水问题，而且使他们吃到了新鲜的水果蔬菜。然而20分钟后，他神志逐渐紊乱，语言含混，我不得不提前告辞。幸运的是，我留下了这次与非洲民族运动的先驱者——政界宿老布尔吉巴会见的照片。

25年前，即1963年12月，我随同周总理访问非洲10国时，曾见过布尔吉巴总统，两次相比，判若两人。当时，他正当盛年，作为

1987 年 9 月 16 日，朱应鹿大使（左一）向突尼斯总统布尔吉巴（右二）递交国书。布尔吉巴当时已 86 岁，拄着拐杖出席仪式，誉词由外长代念。11 月 7 日，布尔吉巴总统被总理本·阿里废黜，朱应鹿成为他下台前接见的最后一位大使

非洲民族解放运动的第一代领导人，踌躇满志，机智善辩，雄心勃勃。而这次见到的这位总统已是耄耋之年，又病魔缠身，一天仅一两个小时头脑清醒，实际上已无法视事，大权旁落。此时，突尼斯政府朝令夕改，人事变动频仍，政局酝酿着某种动乱。各种迹象显示，争夺布尔吉巴之后权力的内部斗争日趋激烈，朝野都在议论突尼斯将向何处去。我在到任礼节性拜会中，一些突尼斯朋友对我说，他们担心有野心的人篡权，国家出现动乱和分裂；使团里有人则预测突尼斯将发生军事政变，造成流血冲突。我预感到突尼斯处在"山雨欲来风满楼"的境地，可能要出事，老布尔吉巴统治的日子不会太长了。

顺应民心

果然，在我递交国书 50 天之后，11 月 7 日凌晨，以本·阿里总理为首的少壮派不放一枪，发动了不流血政变，接管了政权。一位住在总统府旁边的欧洲国家大使从楼上目击了当时的情形。他是我的好友，立刻通过电话向我做了如下描述："在昏暗的晨曦中，只见一架

直升机停在迦太基宫院子里，一位老人在一些军人和医务人员簇拥下，缓缓走向飞机。其间，老人多次停下来，回首怅望那座他工作、生活了数十载的乳白色的古朴殿堂，似乎不愿从此结束他漫长的政治生涯。"

　　当日，新政权在公告中宣布，根据突尼斯宪法第 57 条的规定及一项医疗报告，"终身总统布尔吉巴由于健康和精神原因不再能履行其职责"，由本·阿里取代他的总统职务。新政权还决定将布尔吉巴送往他的家乡莫纳斯蒂尔"养老"，并在生活上给予周全照料，包括定期到首都检查身体，还可以会见亲友，与此同时，政治上仍尊重布尔吉巴的历史地位。本·阿里总统在一次讲话中肯定布尔吉巴为解放和发展突尼斯作出卓越贡献，称他为"国父"。对于少数反对这次行动的布尔吉巴晚年亲信采取了临时监护措施，但不予法律追究。新政府强调内外政策不变，全国反应平静。一切显示这次政权变动顺应民心，做法稳妥，使突尼斯避免了因接班问题可能出现的动乱，走上了稳健发展的道路。

　　1990 年 5 月，我在突尼斯电视上看到，布尔吉巴到首都进行体检，老人心情激动地向周围群众挥手致意。之后，本·阿里总统在迦太基宫接见了他。据说，在此前后，本·阿里还多次看望了布尔吉巴。

　　我看到新领导上台后，在继承布尔吉巴时期大政方针的基础上，对一些重大政策逐步进行了积极调整，有些变化是我目睹的。如经济上更加开放，推行私有化和市场化，大力引进外国资本；把农业放在优先地位，提高粮食自给率，解决农村的就业和贫困问题；政治上加强执政党宪政民主联盟的领导作用，注意防范和镇压宗教极端势力。从 1987 至 1999 年 10 多年来，突尼斯经济持续中速发展（平均年增长 5.4%），政局相对稳定，不仅在非洲，而且在整个第三世界也是罕见的。这次政权更迭经受住了时间的考验。

急流勇退非易事

　　非洲资格最老的政治家之一、被称为"突尼斯民族之父"和"非洲民族解放运动先驱"的布尔吉巴突然下台，在国际上引起相当大的震动。我在突尼斯也听到不少反应。人们普遍认为，这次政变是布尔吉巴晚年迷恋权力、搞个人崇拜的结果。1974 年 9 月，突尼斯执政党新宪政党第九次代表大会上，布尔吉巴被宣布为党的终身主席。1976年 4 月，突尼斯国民议会通过宪法修改案，宣布布尔吉巴为终身总统。他在国内大搞个人迷信，在首都和他家乡的市中心树立布尔吉巴骑马的大铜像，命名突尼斯市最繁华的一条大街为"布尔吉巴大街"。晚年他独断专行，多疑猜忌，最后连周围人也不信了，几个月里，接连撤换两位总理，圈子越来越小，成了孤家寡人。

布尔吉巴后期政策上也出现了一些大的失误。如搞多党制，纵容了国内宗教极端势力；忽视农业生产，导致农村贫困，大批农民流入城市，成为突尼斯经济的一大隐患。1984 年 1 月，因面包涨价，首都及 15 个省发生骚乱，遭政府武力镇压。此后几年突尼斯经济低迷，社会混乱，进入了不稳定时期。1987 年夏秋，随着布尔吉巴健康状况的恶化，国内人心惶惶。大家感到，布尔吉巴日益失去控制，而突尼斯又无领导层交接班机制，瞻望前途，不寒而栗。一些国际友人尤其是非洲朋友为突尼斯和他本人的未来忧心忡忡。据说，"十一·七事件"之前，非洲唯一自动告退的元老——塞内加尔总统桑戈尔曾秘密访问突尼斯，私下劝说布尔吉巴仿效自己，在本人头脑清醒之时主动把权力交给接班人，急流勇退。但布尔吉巴拒不接受，不肯自动让位，终于被人推下台去。这对一位德高望重的政治家来说，不啻是一场令人惋惜的悲剧。

历史和人民是公正的

布尔吉巴总统下野后，我在突尼斯工作期间仍感到，老百姓对他继续保持尊敬和怀念之情，不忘他 66 年漫长政治生涯中建立的伟大功绩。我也耳闻不少他的趣闻轶事。在此，我仅介绍突尼斯人经常同我谈及的布尔吉巴执政后所做的三件反映他独特思想与风格的事情。

（一）布尔吉巴提出建设温和社会主义的主张。二十世纪六七十年代，在新独立的阿拉伯和非洲国家中，"社会主义"很时髦，大多数受当时苏联的影响，是激进的，大搞国有化，建立大企业。但布尔吉巴提出的社会主义是温和的，在"宪政"范围内逐步推进，强调"民主、开放"，主张"实用"，为突尼斯所用。在最初十年打下初步工业基础后，他于70年代初提出十年新经济政策调整，主张"私人、集体、国家三种模式并行发展"。在自由开放口号下，鼓励外资，促进私人经济，推动了中小企业的发展。从1972年至1981年十年中，突尼斯经济年均增长率达10%，在当时亚非国家中可以说创造了奇迹。他执政数十年一直重视文化建设，每年教育开支占国家预算25%，大大提高了全民的文化素质，培养了大批知识分子。

（二）在妇女和宗教问题上表现反潮流勇气。在他倡导下，突尼斯于1959年制订宪法，废除"一夫多妻制"，并实行计划生育。今天，突尼斯仍是唯一一个取消"多妻制"的伊斯兰国家。伊斯兰教规定每年要过"斋月"，在此期间，信徒白天不进食、不喝水。布尔吉巴认为，这种做法不利于国家现代化和国际交往，也损害人们的身体健康。有一次，他不惜与这种教规公开挑战。在斋月期间的一次白天的电视节目中，忽然出现布尔吉巴总统的形象，只见他一边吃面包、喝水，一边讲述"封斋"不符合现代文明。这在伊斯兰世界也是绝无仅有的。

（三）在处理国际事务中显示出务实无畏的风格。第二次大战后美苏开始冷战，不少亚非国家卷了进去，依靠一方反对另一方，付出了沉重的代价。而布尔吉巴在20世纪50年代中期执政后，与冷战保持一定距离，实行东西方平衡外交，与阿拉伯非洲国家搞好团结，使突尼斯维持了和平的国际环境，能集中力量搞建设。又如，20世纪70年代初期，阿拉伯世界普遍认为以色列侵占巴勒斯坦是不合法的，不少人认为，以色列国应当被消灭。但就在这时，布尔吉巴为了推动中东问题的和平公正解决，公开呼吁同时承认巴勒斯坦和以色列的"国际合法性"，在中东掀起了轩然大波，被斥为阿拉伯民族的"叛徒"。他不为所动，后来证明他是正确的。而1982年，当巴勒斯坦武装力量处于逆境时，正是他又毅然欢迎阿拉法特、巴解总部和部分战士从黎巴嫩撤驻到突尼斯。

历史和人民是公正的。突尼斯全国上下普遍认为，尽管布尔吉巴晚年在对待权力问题上犯了大错误，但今日突尼斯经济、文化发展水平能名列第三世界前茅，他功不可没。在长期实践中形成的"温和、渐进和现实"为本的布尔吉巴主义，是突尼斯的精神财富。2000 年 4 月 4 日，布尔吉巴因病逝世，享年 98 岁。突尼斯为他举行隆重的国葬，30 多个国家的元首或他们的代表出席葬礼。本·阿里总统在仪式上发表讲话，对他的一生做了高度的评价。

第一次踏上黑非洲土地

几内亚是 1958 年挣脱殖民统治枷锁取得独立的第一个法属黑非洲国家，也是撒哈拉以南第一个与中国建交的国家。1959 年 12 月，我们一行 7 人随同赵源代办前往科纳克里建馆，这也是我第一次去驻外使馆工作。

几内亚矿产资源丰富，有"地质奇迹"之称。铝矾土储量占世界的 2/3；铁矿石储量 100 亿吨，品位高达 70%。自然条件也很优越：雨量丰沛，当地居民雨季前播下种子，雨季后即可收获稻米。到处是香蕉树，可以让人果腹，棕榈树也比比皆是。据中国专家介绍，一个人吃两粒棕榈果就够一天能量的消耗。我们经常看到几内亚人的米饭里拌和着红色的棕榈油。

但是经过长期殖民统治和掠夺，我们看到的几内亚是一个非常贫穷落后的国家。首都科纳克里只有一条大街，像样的建筑就是市中心的总督府（后为总统府）和海边的法兰西旅馆。街上只有两家法国的大百货商店，由于当时法国封锁，柜架上空空如也，靠一些黎巴嫩个体商贩维持日常市面运转。与内地的交通联系，主要靠一些土路和一条窄轨铁路。

当时百姓的政治热情十分高涨，到处可见人们自发地在街上载歌载舞，表达获得独立、自由的欢欣心情。杜尔总统经常举行群众大会，

1959 年 10 月 4 日，几内亚与中国建交，它是第一个与我国建交的撒哈拉以南的非洲国家。1960 年 4 月 11 日，中国杂技团在科纳克里举行首场演出，杜尔总统在柯华大使（前排左）陪同下出席观看（后排右为译员童心礼）

进行爱国主义鼓动与宣传。每当他站在敞篷车上，挥舞白手巾，出现在公众场合时，群众都会爆发出此起彼落的欢呼声。由于他和其他民主党政治局委员大多是搞工会运动起家的，他们经常深入群众，和群众打成一片。

几内亚独立初期，世界上承认它的国家寥寥无几，派常驻机构的就更少了。我们国家不仅政治上支持几内亚捍卫独立，而且帮助它恢复和发展经济。如我们的专家爬上电线杆，手把手教几内亚工人架电线；又如援建当地人日常需要的火柴厂，帮他们修建大体育场，提供市场急需的日用品等。所以，几内亚从领导人到普通老百姓对中国开始了解和产生好感，同我们的关系都很友好。我们驻外和援外人员对他们也非常尊重，平等相待。杜尔总统曾邀请我们大使与他同乘直升机，陪同他去内地视察。我们也多次邀请对方领导人来使馆参加各种活动，例如观看容国团率领的乒乓球队的表演。

我当时是一个普通的翻译，有几件事给我留下难以磨灭的印象。一件是与杜尔总统在同一节火车铁皮车厢里过了一夜，另一件是在科纳克里郊区见证了老八路式"损坏东西要赔偿"的好传统。

与几内亚总统塞古·杜尔在同一铁皮车厢里过夜

1960 年秋，几内亚执政党民主党在中南部内陆城市基西杜古开代表大会，邀请驻几使节列席会议。会后几方安排柯华大使和其他外国使节乘飞机回首都科纳克里，让我随同几位领导人坐火车返科纳克里。当时基西杜古市无公路通首都，必须先搭乘法国人留下来的窄轨火车到中部城市马木，然后从那里换乘汽车返科纳克里。我们是傍晚离开基西杜古市的，要在火车上过夜。

一到火车站，我看到几内亚领导人坐的火车条件之简陋，是人们想象不到的。机车后面拉的是一节装货的黑色闷罐铁皮车厢：约 20 来米，没有窗户，只开启几个气孔，也不安置座椅，里面空荡荡的，只有一张双层床和一张单人床，床前放了两张桌子。火车开动后，民主党总书记杜尔总统与其他七八位政治局委员兼重要部长，就坐在床沿上聊天、说笑；我和一位几内亚工作人员站到中间车门侧旁，从隔缝里观赏沿途景色，偶尔也交谈几句。

夜色渐浓，杜尔总统就去上铺歇息，其他政治局委员各自靠在床架或趴在桌上打瞌睡。我看大家都休息了，就在门边席地倚壁而坐，闭目养神，因为白天太累，很快进入梦乡。半夜里朦胧中，忽然听到有人叫我，睁眼一看，原来是杜尔总统，我马上站起来。他亲切地要我上他的床睡一会儿，我再三推让，最后在他和其他政治局委员劝说下，只得硬着头皮爬到上铺，躺在床上，但始终没有合眼，听着下面轻轻的说话声。过了约半个小时，我赶快下了床，谢过总统，让其他领导人去小憩。

这件事过去半个世纪了，但杜尔总统深夜唤醒我的亲切形象如在眼前。听说 20 世纪 70 年代末杜尔总统执政后期，在个人集权制度下，在复杂的政治斗争和部族纠纷中，多位与他在民族解放运动中同甘共

苦的民主党政治局委员被处死或罢官，他本人成为孤家寡人，最后病逝于美国医院。回想起20世纪50年代末几内亚独立初期，我见到的杜尔总统与其他政治局委员之间亲密无间的关系，以及他当时到处受到群众欢迎的场面，不禁令人唏嘘不已！

50年前在几内亚的"老八路"形象，正在非洲发扬光大

我在几内亚还经历一次难忘的"老八路"式外交。1959年12月，我陪同使馆办公室主任、一等秘书卫永清外出办事。那时首都科纳克里还很荒凉，郊区完全是农村模样。我们的汽车经过一条小街，忽然从一家院子窜出一只鸡，汽车猝不及防，停刹不住，把鸡轧死了。卫秘书是早年参加革命的老同志，马上下车拣起死鸡，找人认领。我跟在后面帮他吆喝，但无人回应。当时几内亚独立才一年，过去老百姓长期受西方殖民者欺压，忽然看到几个外国人开了一辆新车进入场院，有些害怕，可能躲藏了起来。最后卫秘书决定把死鸡放在院门一侧，旁边用砖头压了一张当地纸币，并附条说明：中国使馆人员不慎轧死鸡一只，特照价赔偿。

卫秘书是我们派往撒哈拉以南非洲的第一批外交官，后来出任过外交部礼宾司司长和驻外大使。尽管这件事不知下文如何，但我想，从中体现的中国人平等、诚实、友好的形象，会长久留在饱受欺凌的几内亚人心中。此后几十年间，我三次在非洲国家任职，两次随国家领导人访问非洲。我看到，今天中非之间已建立起团结、友好、互信、互利的合作关系，当年中国驻几内亚外交人员的良好形象也远为发扬光大。可是，我们不应忘记50年来我国几代驻非洲的外交、援外和涉外人员为此所做的不懈努力和无私奉献。

我的外交生涯从常驻国外使馆来说，是从非洲几内亚开始的。20世纪60年代初，那里的物质和工作条件十分艰苦，例如，20来人的使馆，除两人外，都患过非洲疟疾；我们傍晚开全体会时，穿裙子的女同志都不得不把小腿浸泡在水桶里，避免成群蚊子的袭击。在高达40多度的温度下，很多宿舍都没有配备空调，一位三秘和一位司机曾

长时间共住在一间闷热的小板房里。尽管如此，很少有人计较，而且工作全心全意，并感到很有意义，真有点为"世界上三分之二人类解放"作出牺牲的劲头。大家还时时为几内亚人的朴实、诚恳、友情所感动，心情是很舒畅的。

人生思考篇

我是建国初期参加外交工作的。因为要求进步，工作积极，做出了一些成绩，多次受到嘉奖，得到重用。但也不都是一帆风顺的：政治运动中曾经受到波折，犯过错误；工作中出过差错，特别是遇到如何克服个人考虑、坚持向上讲真话的考验，以及怎样通过忍让以至"忍辱"寻求妥善处理驻外使馆内部矛盾等难题。总之，成功与机遇帮我增长才干与见识，逆境与困难让我受到磨炼与教育。而使我得到更深体验的是，在青年时期奠定正确的人生观，一辈子知足常乐，老老实实做一个普通的人。我今年84岁，退休已经20年，回首往事，工作中的体会和人生路上的感悟油然而生。我想整理出来，奉献给同行，尤其是年轻的朋友。

一生回顾感到充实、幸福

1934年1月，我出生在江苏省昆山县（市）正仪镇（现已并入巴城镇）。1950年8月，我投身抗美援朝运动，在苏州省立中学报名参加了军事干部学校，年末被分配到北京外国语学校（现北京外国语大学前身）学习。从1954年7月外校毕业调入外交部，到1998年6月从驻挪威使馆退下来，我在外交战线上整整奋斗了44个年头。虽未做出什么轰轰烈烈的事业，但工作中一直勤勤恳恳，不断进取，做出了一定成绩。1956年在全国科学进军中加入中国共产党。1958年出席了全国第一次青年社会主义积极分子大会。1978年改革开放后，工作中受到部的表彰，从科员提升到处长到司长。1984年当选外交部先进共产党员，出席观看国庆35周年天安门阅兵典礼并参加当晚国宴。特别是最后11年——从1987年9月到1998年6月，先后出任驻突尼斯（兼首任驻巴勒斯坦国）、埃及和挪威大使，在一线主持内外工作，经受各种锻炼和考验，学到不少书本上得不到的东西。我还有幸在进外交部初期多次聆听周恩来总理的讲话，因工作关系又有机会与

1952 年 6 月，北京外国语学校法文系全体参加军干校的同学欢送张友善同学（一排右一）赴藏工作的纪念照（后北京市在北洋军阀时期留下的老兵营，当时同学们就在那里上课和住宿，后排右四为朱应鹿）

总理直接接触，尤其是 1963 年底到 1964 年初作为随行人员参加了总理的 14 国之行，受到他的言传身教，这些都给我留下了终生难忘的美好回忆。此外，1982 年 9 月到 1983 年 7 月，我被部选送去中央党校中青年干部培训班学习，进一步钻研基本政治理论重点是中国特色社会主义理论，同时涉猎多方面知识，并与来自全国的中青年干部进行交流与切磋，这些对我做好后 15 年领导工作起了重要的充电作用。我的外交生涯比较丰富多彩，长期当科员、译员，也做过司长、大使，上下情况和工作都比较了解熟悉；既接触发展中国家，又同发达国家打过交道，有合作，也有斗争，特别是在挪威的四年，经历了人权斗争，又实践过"经济外交"，受到锻炼，长了见识。现在回顾一生，虽然普通平凡，但感到充实幸福。可以无憾地说，我已把自己全部精力和智慧献给了祖国壮丽的外交事业。

　　饮水思源，我的一切进步和成功主要是党和人民培养、教育的结果。

初步建立革命人生观

1950 年 6 月朝鲜战争爆发，战火迅速蔓延到我国东北边境，我国政府发出抗美援朝、保家卫国的号召。我当时 16 岁，在江苏名校苏州中学高中二年级丁班读书，决心投笔从戎，报名参加军事干部学校。我们班 30 人中有 20 人报名，爱国热情很高，在苏中是非常突出的。其中三位参加军事干部学校的同班同学与我一起分配进北京外校学习，后来都到外交部工作。

我记得，1950 年 12 月下旬，在一个群星闪烁的夜晚，我们 100 多名在苏州参军的男女青年，在阊门外一座名叫张家花园的旧军营集合，一路列队唱着《志愿军战歌》："雄赳赳，气昂昂，跨过鸭绿江……"走向苏州火车站。当开往北京的火车启动时，我们这些远离父母的稚子含着激动的眼泪，唱起"再见吧妈妈！别难过，莫悲伤，祝福我们一路平安吧"的《苏联共青团员之歌》，告别自己的故乡和亲人。这种场面非常感人，永生难忘！经过两天两夜的颠簸，我们的火车停在北京前门车站，外校派两辆敞篷卡车来接。车子在朦胧的晨曦中经过天安门广场时，我们站在卡车上情不自禁地欢呼起来，似乎看到毛主席在城楼上向我们发出召唤，欢迎我们参加革命。

北京外国语学校位于京郊西苑旧兵营，靠近颐和园。外校有光荣革命传统，其前身是延安时期抗日军政大学的俄文大队，一边学习，一边战斗。1949 年中华人民共和国成立后一段时间里，外校附属于外交部，其任务是为新中国培养外交干部。党和政府把来自江苏、上海、浙江、山东、福建、安徽等省市参加军干校的 500 名学子调到外校学习，就是为了造就又红又专的外语人才，以适应中华人民共和国成立后对外工作的新局面。我们这些参军的学生，也把到外校学习看作是参加革命，不少同学与家庭断绝了经济联系。在外校三年半中，两件事给我印象最深：

一是培养学员艰苦奋斗的精神、为人民服务的思想。北京外国语学校的物质生活简朴。教室、宿舍条件简陋：人人带着一只小马扎，用来上课、听报告；礼堂是听大课的教室，也是饭厅，吃饭没有桌椅，一盆菜放在地上，大家围在一起蹲着进餐。一套冬夏服装由学校供给，几年不换。生活费每月3元多，有时钱不够用，夏天有人还打过赤脚。除了三顿饭很少吃零食，最大的"解馋"就是偶尔约几个同学去颐和园后面青龙桥小镇路旁，买几个据说曾给慈禧太后做过饭的老大爷做的炸糕吃。但是我们的精神生活非常丰富：听外交部领导到校做政治报告、看革命电影、读苏联小说《钢铁是怎样炼成的》；与中国的保尔·柯察金——吴运铎见面、唱革命歌曲、学跳交际舞，等等。"人民需要我们到哪里，我们就到哪里"几乎成为外校校歌，并且这一教诲在同学们脑子里扎了根。一些同学服从分配，支援边疆，到条件艰苦的新疆、西藏边远地区工作，一去就是十几年甚至一辈子。我们法文系1952年有一位名叫张友善的同学赴藏工作，在那里落了户，一直没有回来。

二是重视政治思想教育，树立正确的政治立场。我们系学习马列主义、中共党史等基础理论知识，认真学习《社会发展史》《联共（布）党史》，初步懂得为共产主义事业献身是光荣的。我们还参加抗美援朝、土地改革和"三反五反"等运动，懂得在大是大非问题上，应该同党和人民站在一起。在学习基础上，我们参加了思想改造运动，认识到对党应忠诚，主动报告自己的家庭和社会关系；我们这些倜傥少年，向往革命，决心与一切旧传统决裂，一起谈心、交心，有时对一些小的缺点和问题，也查家庭、社会影响，挖个人主义根子。我当时是班上团支部书记，这方面常常带头。这么做现在看来有些过分，但却培养了我们进行批评，尤其是自我批评的良好习惯。

可以说，几年外校革命熔炉的冶炼，对我们这些学员形成革命人生观和世界观奠定了坚实的思想基础。我们是新中国培育的第一代"解放牌"知识分子。毕业后，20世纪50年代中期先后有200名同学分配到外事战线工作，其中80多人进入外交部，普遍表现不错，有30人锻炼成长为大使一级的高级外交官，如来自苏州中学的我的同班同学——前驻英国大使、首任驻香港特派员马毓真，我的昆山同乡——

前联合国副秘书长金永健，从上海参干的学子——前驻德国大使、后出任外交学会会长的梅兆荣，等等。

外校的经历对我一生的发展起了重要作用，帮助我在年轻时期解决了理想和信念问题，初步确立了正确人生观。为此，我永远怀念外校，永远感谢外校的领导和师长们对我的教导。

我想在这里回忆我思想上第一位启蒙老师——外校德西法文系政治辅导员阎鑫泉对我的帮助。我是法语班的团支书，与他接触较多。他当时很年轻，不过20岁刚出头，解放初入的党，开始也是外校学生，后来提拔为干部。他工作积极，待人和气，耐心帮助我们提高政治觉悟，成为我心中的学习榜样。有一次，大概是1953年初的除夕夜，会餐之后，他约我到校院中散步谈心，告诉我：中华人民共和国成立前他家穷困，周围住的也是下层民众。当时年关难过：不仅饿肚子，还要躲逼债。他叹息说，旧社会不公平，穷人太多。他参加革命，就是为建立一个人人平等共同富裕的理想社会。他的谈话给了我启示。那夜，我们俩在院中来回踱步，马路上月光泻洒，两侧旧兵营黑影幢幢，隐约透出点点幽光。半个多世纪过去了，此情此景仍清晰地留在我的脑海里。

在1954年毕业之前，外校领导要求学员根据学到的政治理论，结合新中国的变化和个人思想实际，讨论为什么参加革命、为谁服务的问题。我经过思考，根据学习体会写了一篇自传体文章，题目是《我和我的伯母》，讲了自己的思想转变，受到阎辅导员的好评。60多年过去了，至今我还记得文章的主要内容。我写道：

我幼年丧母，由伯母抚养长大。伯母身世十分不幸，她农家出身，嫁给我伯父时，伯父已患肺痨，她出嫁是来"冲喜"的（一种迷信，认为有病的男子娶一房妻室，病人就会痊愈），但不久伯父依然病故。此后，伯母就一直留在我家守寡，待我像亲生儿子一样。从我八九岁懂事开始，伯母常常流着泪对我说，她没有孩子，老了全靠我养活，要我做个有出息的人。在旧社会，妇女处境悲惨，难以独立谋生，尤其像伯母那样不识字的劳动妇女更是如此。中华人民共和国成立前，我父亲在江南一个镇上开了一爿小南货店，家里人多负担重，还要供我读中学，实在不易。大姐小学毕业后，因家境困难，就辍学回家帮助父亲站柜台；二姐开始也停学，后来去上免费的初级师范学校。我自小刻苦读书，就是想将来找个好职业，帮助父亲养活全家，尤其是报答无依无靠的伯母。1949年初家乡解放后，两位姐姐和我先后参加革命，后来伯母随大姐在上海生活。1952年大姐来信告诉我，伯母在上海里弄找到一份帮厨的工作，表现积极，多次受到表扬。现在伯母感到可以自食其力，脸上常挂着笑容，要我放心。经过政治学习和新旧中国的对比，我对两个社会的本质有了一定认识。伯母找到工作这件事对我触动很大，使我进一步懂得，旧社会像我伯母那样的妇女千千万万，靠个人奋斗不可能解决她们的问题，只有建立"人人为我、我为人人"公正、平等的新社会，妇女才能得到解放。我认识到，旧社会毕业就是失业，我读书养家报恩思想是不现实的，也是渺小的，应当把眼光放大，在争取人类解放的共同事业中实现个人的愿望。

这篇自传是我参加革命三年，学习政治的一个重要收获，从为小我到为大我，标志着我在建立人生观的道路上一次质的飞跃。

我认为，一个人人生观的建立，往往同他青年以至少年时代的经历分不开，那个时期感受到的东西往往一辈子都忘不了。我父亲是个小商人，供我上中学，从经济上说是有些勉为其难的。1946年7月，我小学毕业后去昆山考县立中学。不知是什么运气，我竟考了全县第一名，大大坚定了父亲要我继续读书的决心。后来，我又考取了当时国内有名的苏州省立（草桥）中学，就放弃了昆山县中，决定到苏州上学。苏州中学是公立学校，学费不算贵，但为了筹集我进城上学的各种费用，父亲还是付出了巨大代价，把小店一些值钱的商品都卖掉了，货架上好几格变得空空如也。当年这种情景深深刺痛我这个12岁少年的心。还有一回，我在初中读书时，父亲和二姐从昆山（正仪）到苏州看我，带了几斗米来给我交饭费；人力车拉到校门口，下车时一不小心，袋子倾倒，米撒了一地，他们和我在地上拣了半天。这一"镜头"一直刻印在我的记忆中。初中学生食堂伙食很差，米饭常有霉烂、掺石子的，每周只有一顿荤菜。我记得，那时八人一桌，都是站着吃饭，好不容易盼到周五中午，一等值日生发出"开动"指令，大家手中的筷子像刀剑一样，朝着红烧肉冲去，每人夹起薄薄一片，顷刻扫光。我因为没有什么零花钱，假日很少到苏州城里逛街，三年连一场电影都没有看过，往往在学校看书打篮球。我的刻苦精神和良好体魄，是在那几年打下基础的。

1954 年离开外校几十年间，我们国家遇到多次大的曲折和困难，个人也有几次身处逆境，但我对新的社会制度总是满怀信心，对工作的执着也始终如一。这同我青年时期在学校奠定的正确人生观是分不开的。

外交工作中的体会
——周总理的教诲和榜样给了我智慧与力量

50 年代初外交部的环境和干部状况

在介绍外交工作的体会前，我想先简单勾勒一下 20 世纪 50 年代初老外交部的环境和干部状况。

我是 1954 年 7 月从北京外校分配到外交部的。那时外交部还在东单北边米市大街东侧外交部街 30 号内。这座楼宇非常气派，是 20 世纪初建造的，民国成立后外交部就搬到这里办公，当时所在的石大人胡同遂改名为外交部街。大楼四周围墙很高，入口正面是两扇高大的白色铁门，两侧耸立着一对石狮雕塑。这是北洋军阀时代外交部留下来的。老同志告诉我们，1919 年五四运动爆发时，周总理曾带领来京示威的天津学生，打开这两扇铁门，冲进当年的外交部。1949 年 11 月成立的新中国外交部，已废弃不用这个老的正门，出入都走离此不远的红漆大门。

围墙内，有东西两幢二层大楼，楼前伸展着宽敞的大院，齐整的冬青树环抱，里面点缀着鲜花、绿草和假山，非常幽美。东楼一进门是高大的门厅，各式明亮的水晶灯，红色的地毯，大理石的楼梯，落地的大镜子，欧式的壁炉，显得洋气亮丽。楼下有几间宽敞华丽的客厅，是部长会见外宾和使节的地方。二楼是部长的办公室，还有一个典雅的小礼堂，是全体干部开会、活动的场所，周末常在这里举行舞会，有时周总理、陈老总也来参加，女同志们都踊跃排队与他们跳舞。西楼古色古香，有着传统的大屋顶，宽阔的暗黄色走廊，黑色的门窗，有许多房间，多数地区司业务司和干部司在这里办公。东西两楼之间有一条拱形的封闭式回廊相连，上面铺设天桥可以过人，下面可以通车，甚为别致。

1966 年邢台发生大地震波及北京，外交部东楼部分建筑和西楼地基出现裂痕。为安全起见，在彭真市长关照下，外交部就迁往东交民巷一些前驻华使馆和 30 号原六国饭店办公了。后来上述外交部楼宇被拆除，改建为职工宿舍。一处非常美丽、有历史意义的古建筑就这样消失了，想起来好不令人惋惜！

新中国外交部是 1949 年 11 月 8 日成立的。2008 年初，原外交部国际司长、林则徐的后裔凌青在一次内部座谈会上说，成立会就在前面提到的东楼小礼堂举行。170 多名干部围坐在周总理身旁，由办公厅主任王炳南点名介绍了科以上干部。那时的干部构成是：大使和司局级以上高级干部主要由身经百战的将军（如耿飚、黄镇、袁仲贤等）和在白区或延安工作过的外交中坚（如王炳南、黄华、龚澎等）组成。中层干部不少是地方县团级骨干，包括部分武工队长和解放区县委书记。下面干部是一些大学地下党员和中华人民共和国成立前后参加革命的青年知识分子，其中有归国的爱国华侨青年。20 世纪 50 年代中，我进部时，干部情况有些变化，主要是大区撤销，吸收了省市一些处、科级人员，充实了中层领导，还增加一些像我们那样的年轻外语人才。

我进部后开始分配在情报（即新闻）司工作，司长是龚澎。她作为 1955 年日内瓦会议的女发言人，用英语对答如流，风采照人，当时国际新闻界为之一震。1954 年底，我被调到西欧非洲司，参与准备

出席万隆亚非会议工作。起初司长是宦乡，不久宦乡去英国任代办，由黄华接任。

我就是在这样的环境下开始在外交部工作的，得到了许多老同志的帮助和指点。尤其幸运的是 1958 年前，周总理兼外长，直接管外交部，经常来外交部里，不时在文件上对外交工作作批示，对部的内部工作也很关心。有一次周总理到我大食堂视察，尝尝饭菜。有时还能聆听总理的讲话。20 世纪 50 年代中，外交部人数不多，业务干部大概三四百人，在东楼小礼堂开干部会，人坐不满，还能清楚看到总理的风采。从 60 年代开始，因工作关系（总理会见外宾时我当记录，或作为陪同翻译出席），接触总理的机会增多，尤其是 60 年代初那次非洲之行，先后一个多月与总理朝夕相处，受到的教育至深。总理的言行印在我心中，影响我一生。

周总理的外交思想和实践博大精深，已有大量专著和介绍。我主要想把多年的见闻、特别是亲历感受到总理的人品和风格以及个人的学习体会，做些回忆。正如多位中央领导同志所说，周总理是事业、工作的楷模，也是人格修养的典范。因此，我在谈到自己工作体会时，也将结合介绍总理的有关教诲和伟大榜样。

我在外交部的工作体会

一、把调研和办案结合起来，争取在工作中有所发现和创新

到外交部后，我工作热情很高，但真正懂得怎样工作，是不断磨炼、学习和总结的结果。在这方面，周总理的教诲和榜样对我启示很大。建部初期干部不多，总理常来讲话。有一次大概是 1955 年，总理在全部大会上说，外事干部要注意"观察形势，执行政策"，把调研与办案结合起来，工作中多出点子，"像全国工人那样多提合理化建议"。总理十分重视掌握第一手材料，我多次看到总理在会见外宾前，向中方负责人了解情况，而且常常向外宾提出各种问题，有时问得很细，把他们都"考倒"了。对从各方面了解的材料，总理及时进行分析判断。

我记得，1954年亚洲司上呈的一份文件中提到，日本当时每年需要美国向它提供1000多万吨粮食。总理看后马上批示：这个情况有价值，不讲防务需要，就这个粮食进口数字，可以说明日本离不开美国。从一个数字看出一个国家的基本倾向，进而为对外决策提供依据，这是总理讲的"观察形势，执行政策"的一个很好例子。总理还有个习惯：每次重大行动后亲自做总结，用以改进工作，教育干部。我认为这是总理知识渊博、多谋善断的重要原因。

在总理教育和各级领导帮助下，我进入外交部后比较注意调研，并能经常提出一些工作建议和新的看法，比较突出的有三次。最早一次是1958年6月，国内正在研究与摩洛哥建交问题，我当时在非洲司工作，正好以翻译身份陪同贸易展览团在摩洛哥活动。我根据了解到的第一手材料，主动写了一篇关于中摩建交前景的文章，托人送回国内，得到当时司长的表扬。我在文章中指出，经济上摩洛哥想用出口磷酸盐（化肥）换我绿茶（每年进口1 000吨），摩洛哥企业界支持与我发展关系；政治上摩洛哥王室有反帝独立传统，对社会主义国家友好的摩独立党力量上升，其领导人当了握有经济大权的副首相，赞成同我建交。因此，两国建交时机似已成熟。后来国内派团去摩洛哥谈判建交，1959年达成建交协议。第二次是1970年夏秋，我在驻阿尔及利亚使馆任调研室主任。当时中东仅有驻阿大使杨琪良在任（其他大使在国内参加"文革"未返馆），在杨大使鼓励下，我写了一篇预测美苏加紧争夺中东的文章，得到了部的通报。文章主要说，苏联利用60年代美国深陷越南战争和1967年第三次中东战争，大举渗入埃及，派出4 000名军事专家控制苏伊士运河；美感到苏势力进入欧洲侧翼，威胁其全球战略利益，准备逐步从越南脱身，把重点转到与苏争夺中东。后来果然美对越战逐步降级，并于1973年初与越南签订停战协定，从越南撤军，转而大力拉拢埃及，赶走苏军事人员，促成埃以媾和，在中东占了上风。事态的发展证明文章的估计是正确的。第三次是20世纪90年代中期，我作为大使在挪威经历了阻止西方企图把诺贝尔和平奖授予我"民运分子"的复杂斗争。经过一段时间的观察和思考，我认为挪威诺贝尔委员会的涉华评奖，一般来说挪威政府和议会起着主要的作用，但是挪威公众与舆论在我国人权和民主等问题上态度与情绪的变化，反过来也会产生重大影响。国内重视使馆的看法，在上述问题上加强了对挪威各界的宣传、解释工作，取得了良好效果。

经过长期实践，我感到，做一段工作尤其是处理一些复杂问题之后进行认真总结，是使调研与办案更好结合、工作不断改进并有所创新的基本方法。这种总结可包括三方面内容：（一）将前一段实践的结果与原来的认识（估计）比较，检验我们过去了解的情况，作出的分析、判断与决策是否准确与成功；（二）分析产生这种情况的主客观因素，尤其要找到不足，总结教训，进行自我剖析，从世界观和方法论上寻找根源；（三）进行理论和哲理思考，从中发现一些带规律性的东西，提出一些新的思路和办法，用新的认识指导下一轮实践。这样总结使我得益匪浅，不仅有利于更好完成工作任务，也有助于提高自己的理论政策水平和思想作风。因此，工作再忙，我都自己撰写重要总结，直到退休。我领悟到：实践出真知，但实践不会自动出真知，还要加上科学的总结。

二、严格要求自己，改造主观世界，不断提高思想素质

进入外交部后，周总理光明磊落、严于律己的高贵品德，给我们树立了光辉榜样。他居功不傲，还常常讲自己的不足，告诫大家活到老、学到老、改造到老，并以此自勉。印象最深、令我感动的是1957年8月1日，他在南昌起义30周年向外交部党员干部所做的报告中，不谈自己领导起义的功绩，而是沉痛地总结他领导上海三次武装起义的教训。他说，上海起义后，当时没有像毛主席领导秋收起义那样向附近农村转移，以致许多同志牺牲，回想起来心里非常难过。

在长期工作中，我比较注意警惕克服各种个人考虑，并且向群众暴露思想，讲自己的缺点，取得他们的帮助和监督。

外交斗争复杂多变，又事关国家根本利益和对外影响，提政策性

建议须权衡利弊、过细研究，还要准备冒一定风险，承担政治责任。而且，根据当地实情，提出与国内不同的意见，有时还会招来一些议论（如说你从驻在国角度考虑问题，斗争不力），这些都可能影响个人前途。因此，对外工作中能不计个人得失，提意见、讲真话，是不容易的。1998 年 4 月，我国全国人大常委会委员长乔石访问挪威，最后一天的日程，是挪威议长格伦达尔夫人陪同去外地参加一项活动，然后送我领导人出境。后来因为附近有些反华示威，我代表团临时决定不参加，结果因为活动取消，让专程来陪的对方挪威议长在外地旅馆空等半天，也失去了一次接触群众做工作的机会，对外影响不好。代表团作出不参加活动的决定，是在前一天到达外地后的晚上，我出席了这次团主要领导成员的会议。当时我心里是不同意的，但由于怕万一出事自己要负责任，特别是看到几天来代表团因遇到多次反华骚扰，对使馆已流露不满，因此没有表态。回到房间，我良心受到责备，思想斗争激烈，辗转反侧，无法入眠。第二天天不亮，我就敲开人大秘书长的房门，向他提出：据我了解，此地参加反华示威的人极少，官方又不支持，能控制局面，而且对方议长将亲自参加，故以按原计划进行活动为好。秘书长认为我的意见不无道理，但以来不及重新安排为由，仍坚持原议。我只能服从，但心里一直不安，感到发生这种可以避免的事情自己是有责任的，至今 20 年过去了，有时想起来还感到愧疚。

同样，在内部改变一些不正之风，也要有坚持真理、不怕损害个人利益的勇气，也是不容易的。20 世纪 90 年代中期，在一些驻外使馆里有一种不良的风气，就是在国家主要领导人出访时，大使向他们赠送纪念品。我刚到挪威不久，正赶上一位领导人访问。在代表团抵达前，使馆一位党委同志告诉我，我驻邻国大使已向这位领导人送了纪念品，纪念品是原来驻在国政府送的留在使馆的礼品。他还听说，前不久我驻拉美一位大使也向某位领导人送了纪念品。他提出，我馆是否送，由大使定。我经过慎重考虑，在党委会上提出：毛主席讲过，对领导人不祝寿，不搞个人崇拜。我馆要树立好风气，礼不送，全力把接待工作做好。我的意见在党委会上得到通过。我当时作出这个决定是有思想斗争的，甚至做了提前结束任期回国的准备。实际上什么事情也没有发生。我在专机舷梯前送领导同志时，他还表扬我馆接待工作做得不错。我想，送纪念品这样的事情，可能是周围一些人为了讨好上面搞出来的名堂，中央领导人不一定都知道。后来，这种做法在中央领导干预下，被明令停止。

以上两件事情，说明一个人头脑里公与私的斗争是长期存在、躲避不了的。总理提出"学到老，改造到老"是非常必要的。

我一直在思考一个问题：为什么周总理在长时间内能足智多谋，把领导中国这样一个情况复杂大国的事业推向前进，晚年又能保持清醒头脑，处理内外重大问题和危难局面呢？我觉得一个重要原因是，他认真实践了1957年8月1日在外交部党员干部大会上提出"活到老，学到老，改造到老"的自勉与诺言。

最近，我认真查了一下有关文献，发现总理这种不断学习、自我改造的主张，很早就提出来了。1943年3月，他在重庆红岩整风学习时写的《我的修养要则》中，第一条就是"加紧学习"；第四、五条是"要与自己不正确思想做坚决的斗争"、"具体纠正自己的短处"。中华人民共和国成立后，他在1951、1954、1956年到1962年的多次讲话中，专门谈到知识分子思想改造问题，并把自己摆进去，指出"天下没有完人，人人需要自我改造"。他参加革命几十年，"犯过许多错误，栽过筋斗"。现在担任总理，"还要学习和改造"，"人生有限，知识无限，到死也学不完，改造不完"。"思想改造是长期的，要靠自觉"；"方法是和风细雨"，等等。

相当一段时间以来，我们回避讲"改造主观世界"，更不要说"思想改造"了。一种倾向掩盖另一种倾向，其原因主要是，我们中华人民共和国成立后长期通过政治运动，尤其是"文革"中采取粗暴方式，对待不同意见和思想意识问题。可喜的是，自2007年10月党的十七大以来，中央在强调改造客观世界的同时，结合提出改造主观世界问题，并主张用正确的方法加强思想道德建设。主管干部组织工作的习近平同志多次指出：干部尤其是领导干部要注意"世界观的改造"。他说，"一切腐败都来自放松思想改造"，"不能因为搞市场经济，就认为个人主义是合法的、正当的"。我认为，提出这些意见是非常正确的，也是非常必要的。

三、保持清廉，做高尚的人

到外交部后，总理经常教育我们保持艰苦朴素的作风，注意抵制西方生活方式的诱惑。总理在这方面堪称典范。他在出访 14 国时经常穿一套灰色的中山装，尽管旧了，里面衬衫的袖口也补过，但熨得平整，显得潇洒大方，这是我亲眼看到的；在阿尔及尔参观卡车修配厂时，总理和陈老总也穿着和我们款式一样的灰色夹大衣，都是从外交部统一借来的。这反映了那个年代的简朴与节约。后来，新华社记者把这张记录了这个场景、有纪念意义的照片送给了我。给我留下深刻印象的事还有一件，就是在中南海开会时，总理总是自己付茶叶钱，

1963 年 12 月，周总理和陈毅副总理在阿尔及利亚第一副总理布迈丁的陪同下，参观阿尔及尔卡车修配厂（陈毅身后的青年为朱应鹿）

这是随行的总理卫士长告诉我的。

除此，总理的清廉，严格要求自己的亲属，不徇私情，公私分明，更是有口皆碑。

我参加工作尤其是担任大使后，注意保持廉洁作风。在国外，我把清廉作为重要馆风来抓。记得1991年9月刚到驻埃及使馆，那里财务管理混乱，"人人搞采购"，一些人公私不分，极少数人乘机捞钱，我立即做了整顿。我提出，这不是涉及几个钱问题的小事，而是关系外交队伍建设的大问题。我自己在清廉方面严格遵守制度，以身作则。在对外活动中收到礼品及时交公；国外我有专车，如在挪威我除每月交20美元班车费外，非公务用车另外付钱。有一回挪威一位侨领的夫人在对外场合送我爱人一串金手链，当时难以推让，只得先收下。第二天我们让司机送回，并附条说明国家公务人员不能收贵重物品。以后，这对侨领夫妇对我们一直很尊重，并保持良好关系。1998年4月，我离任前不久，挪威一位在中国投资开厂的家族企业家，因为我在帮他牵线搭桥方面做了一些咨询工作，他私下向我表示，愿在我回国后赠一些私股给我，聘我当他公司的顾问。我说明，作为大使，促进与外国发展经济关系是自己的责任，回国后将退休养老，谢绝了他的好意。我回国后，这位企业家还多次来华，与我保持友好联系，成为我一位好朋友。

我在使馆规定，涉及个人利益，领导同志向后靠。如使馆分发福利时，党委同志不拿。1988年，我在突尼斯任职时，国内给使馆一个提升参赞的名额，有的党委成员根据实际情况以及本人资历，建议把我爱人报上，我提议提拔另一位年纪稍轻一些的业务骨干，最后党委采纳了我的意见。由于我比较注意廉洁，从小事做起，从自己做起，因此在工作过的单位有一定威信，做思想工作有人听，更重要的是，廉洁保证了我一生保持公仆地位，勤勤恳恳工作，老老实实做人，为维护国家的主权、尊严和荣誉贡献力量。

四、外交工作无小事

对外一举一动，涉及国家荣誉，两国关系。周总理作风严谨，一丝不苟，是中外闻名的。他多次告诫外事人员，做事必须细致谨慎，外交无小事。20世纪50年代中期，外事活动不多。一次一位伊斯兰国家领导人访华，我们举行国宴招待。听礼宾司同志说，周总理宴会前到现场检查，发现我们准备的冷盘中有火腿。他立即批评纠正，并对司领导同志说，这不是小事，关系到尊重对方宗教信仰问题，是不允许发生的。

我参加外交工作后，由于粗心疏忽，出过几次纰漏。最严重一次发生在20世纪60年代初，给我毕生难忘的深刻教训。1961年初，我在驻几内亚使馆当译员。一次杜尔总统坐直升机到内地视察工作，邀请柯华大使陪同前往，以示对中国的友好。大使嘱咐我为了活跃气氛，带上几盘介绍中国风光、生活和歌舞的短片，以备晚间休息时放映，我马上向办公室有关同志做了交代。到了第一站，白天活动结束后，晚上杜尔总统在柯华大使陪同下兴致勃勃来到广场就座，旁边还有许多村民，载歌载舞前来助兴，准备共同观看中国影片。就在这时，意想不到的事情发生了：两位负责放映的工勤同志报告，由于临走时忙乱，只带了放映机，影片忘在了使馆。这次事故扫了杜尔总统和在场几内亚人的兴，也让中国大使失了信。我当时很年轻，又是第一次出国，一下子惊呆了，至今也不记得这尴尬局面是怎样收场的（使馆第二天立即派车把影片送来，做了弥补）。事后，我承认自己布置任务后没有检查，对这一次事故负有主要责任。大使对我进行了严肃的批评和耐心的教育，特别介绍了自己防止工作遗漏的剔除法，使我一生受用。大使告诉我，他解放初期当过西安市政府秘书长，后来出任外交部礼宾司司长，经常处理许多纷繁的事务。在实践中他找到一个笨办法：重大活动前，把要办的事和要带的东西一件件一项项写在纸上，然后不断进行排查，完成的打个钩（√），这样就不会因为记忆或其他原因出错。以后几十年，从科员到领导，对付复杂事务或参加重大活动（如陪同我国领导人出访或接待外国元首），我都比较谨慎，并采取柯大

使这种剔除法，几乎没有发生什么遗漏。我有时向年轻同志介绍那次在几内亚发生的事故和学到的排查法，大家听了好笑，但他们试了以后也觉得管用。

然而，一个人出现疏忽，仍是难以完全避免的。几内亚事故 28 年之后，1988 年 4 月，我刚到突尼斯上任不久，在宴请外交部有关官员时，因为调研不够，在安排座位时又发生一次失误：把突尼斯外交部一位办公厅特派员（实际等于副司级），先于当晚出席的亚洲司长排在主宾位置。我是在入座后发现的。那晚，我注意到这位亚洲司长心情不好，在桌上讲话不多。我感到他可能认为中国大使对他不尊重。一场本来为了增进友好的活动因席次问题反而造成误解，而且让外人看到中国使馆连起码的礼宾规矩也不懂，对外影响不好，真是外交无小事。下来经过了解，确认我们的排位有差错，几天后我利用去外交部与这位司长商谈工作机会，当面致歉。他一再表示这是小事，请大使不必放在心上。我说，对外失礼不是小事，作为大使对下面教育、检查不够，也有责任。此后几年里，这位外交部主管司长对我们友好坦诚，合作共事很好。

五、保持团结、发扬民主是搞好使馆工作的关键

亲历总理谦逊平等、尊重小国的态度在国际上产生良好影响，对我教育至深。

1964 年初，总理访问加纳前夕，这个国家发生企图暗杀恩克鲁玛总统的事件，国内局势不稳。周总理从发展两国关系大局出发，毅然决定按原计划前往，同时建议打破常规，取消主人公开迎送的仪式，使加纳上下感到中国客人谅解他们的处境，尊重小国，真是患难之交。又如总理在马里国宾馆内部用餐时同我们这些一般工作人员随便谈笑，没有架子；离开宾馆时亲自向服务人员道谢，等等。非洲国家一些服务人员看了非常感慨，他们发自内心地对我们说："从餐桌上，真看不出你们中谁是总理，像一家人一样。从你们总理的举止，可以看出中国是社会主义国家，人与人之间是平等的。"

　　1965 年中，两位非洲国家的民族运动领导人访华。我作为工作人员全程陪同。他们最后一场活动是到长沙会见毛主席，当时周总理也在场。会见结束，周总理说他好久没有去韶山了，提出由他来陪同非洲客人参观毛主席故居，实际上是想对他们继续做些工作。从长沙到韶山的车上，总理具体介绍了中国人民长期解放斗争的经验与教训，并回答了外宾的问题。我们当时坐的是一辆三排加长的基斯车。总理为了翻译方便，照顾客人，让外宾坐汽车后排软座，高级翻译董宁川在司机旁就座，他自己坐中间的硬席，我在他一旁记录。当时路面狭窄不平，颠簸十分厉害，行程将近两个小时。我看到总理相当疲乏，偶尔眼睛微闭，但马上又打起精神，继续与外宾谈话。总理的平等待人与忘我工作精神使两位外宾深受感动，他们多次劝总理坐后排软席休息，但都被总理婉谢。

　　周总理这种平等谦逊的人品和风格，不仅值得我们在对外工作中学习，而且也是我们对内待人接物的榜样。写到这里，总理当年不知疲倦，坐在汽车硬座上对外做工作的神情，又栩栩如生地重现眼前，永远激励着我。

　　周总理历来顾全大局，重视团结，在国内外是出名的。总理建国初期兼外长，对外交部干部从思想作风到物质待遇，要求都特别严格。听说有一次他在国务院常务会上说，国家财力有限，先让中央其他各部修建新的办公大楼，外交部排在最后。事实上也是这样，外交部新大楼是 20 世纪 90 年代初才盖起来的。"文革"期间，总理忍辱负重，与林彪、"四人帮"进行艰苦斗争，维系国家统一，避免分裂。对此，全国人民是有公论的。

　　驻外使馆是个"小联合国"，由国内各部门派出人员组成，有经济、商务、军队、文化、技术等部门，而外交部是牵头的。搞好团结非常重要，但很不容易。当时配偶放开随任，又住在一起，家长里短，馆内纠葛更多。有的同事说，做好内部协调，有时比办外交还难。我当大使后，比较重视团结，坚持原则，严于律己，对外交部干部各方面要求更严格一些，同时注意各部门一碗水端平。因此，总的来说，我所在的几个使馆本部与其他部门团结都是比较好的，但在一个使馆遇到过一位商务参赞，年龄比我大，资格老，脾气大，对我搞好团结是个考验。我对经贸业务的事一般尊重这位参赞，但有一次在一个涉外工作问题上否定了他的意见，触怒了他，他在相当长的一段时间里对我很不礼貌。我打电话给他，他不等我讲完话，就把电话挂了。有一回，商务处为来接受培训的国企老总们举行内部招待会，我早一点去，想与他谈谈心，他竟把我推出办公室。对此我采取了忍让态度，继续积极支持他的工作，尽量保持正常关系，耐心等待他的觉悟。后来，这位参赞对我的态度有了变化。由于这个"忍"字，使馆的工作、党委的团结、部门的关系都未受到影响。我在离馆前大会上（这位参赞已回国离休），介绍个人思想修养时披露了与参赞的这段矛盾，不少人包括党委同志因为不知情而感到有些意外，但对我总结的有时为了使馆团结大局个人须要做些忍让，避免出现古人所说"小不忍，则乱大谋"，都表示不同程度的认同。

周总理民主作风非常好，同时也很谦虚。1955年参加日内瓦会议回来，总理向部里干部介绍会议情况后说，大家只看到他在对外场合叱咤风云，但不知道他是一个前台的演员，后面有许多无名的导演，他们帮他准备材料，出主意。我当时是刚进部的一个小兵，听了很受感动。总理无论出席日内瓦会议，还是访问14国回来，都亲自作总结报告，让部里同志了解和关心全面情况，认识自己工作的重要性，发挥主动性和创造性。

驻外使馆的人来自五湖四海，又远离祖国，如何发扬民主，发挥大家的积极性，群策群力做好工作，非常重要。在总理和许多前辈启示下，我在几个使馆也比较注意发扬民主。我们主要采取以下做法：

（一）通报情况。做一段工作，根据需要和可能，在不同范围，在不影响保密的原则下，向使馆同志通报驻在国的形势和使馆的工作。这样做的好处是，让使馆同志了解驻在国的情况，认识我们工作的意义，启发大家提出工作建议，更好地完成本职工作，为整个外交事业服务。

（二）批评和表扬。对使馆出现的不良倾向要及时指出，但以表扬先进为主。我在挪威工作时，一位年轻翻译建议大使在前首相布伦特兰夫人的丈夫（著名的国际问题学者）1996 年 10 月 12 日 60 岁生日时给他发个贺电。我们这样做了，产生很好效果。布伦特兰夫人当时刚从首相岗位上退下来，她丈夫与我们也有交往。在此时刻大使发去贺电，他们很感动，感到中国人不忘老朋友，立即来信表示感谢。我们及时在全馆大会上表扬了这位翻译，鼓励全馆同志向他学习，多想工作，多出主意。这个年轻人回外交部后各方面进步很快，2008 年被破格任命为高级外交官——使馆政务参赞。

（三）工作一段时间或完成一项重大任务后，使馆领导对内外工作进行小结，既谈成绩，也讲缺点，特别是大使要把自己摆进去，鼓励大家提出意见。这样，不仅可以改进使馆的工作和提高全馆同志的主动积极性，而且对使馆党委形成一种经常的监督。可贵的是，我在几个使馆当大使时，能听到一些批评建议，这是群众对领导信任的表现。举一个例子：挪威妇女活动较多，大约 1995 年初，我大使夫人在使馆举行茶会（会后放映电影），招待挪威妇女组织负责人和部分驻挪威大使夫人。使馆由外交官夫人（不少是编外）出席作陪。事后，一位女会计向我提意见，她说自己是对内一秘，未被邀请感到委屈。为了发挥更多女同志积极性，我们对参加范围做了相应放宽。后来，这位女同志出席使馆有关妇女招待会，尽管做的仅仅是引领、招呼外宾等简单交际工作，但她非常高兴，一是认为本人在国外能为使馆多出一份力，二是觉得组织上重视自己的意见，消除了与领导的隔阂，上下关系更加融洽。

政治运动迭起，使我受到磨炼与教育

我一生总的发展比较顺利，工作中受到表扬多。我在积极参加中华人民共和国成立后历次政治运动的过程中，一般都是当革命动力，但也遇到过两次波折。第一次是 1957 年初整风鸣放阶段，对领导提意见有些偏激表现，5 月"反右"后受到批评，认为有"中右"思想。第二次是 1966 年"文革"开始后造反比较早，一度进入司造反组织的领导班子，后来因意见不同被部激进造反派头头撤换下来，但一些言行还是受到"极左"思潮影响，相当长时间里被作为犯错误干部对待。这段逆境，对我政治上是个很好的磨炼，也使我对党"左"的错误和自己的问题有了比较深刻的认识。

1957 年反右侥幸过关

1957 年初，我们党在全国开展整风运动，欢迎各界帮助党整风、提意见。我当时在西亚非洲司工作，平时同几个年轻干部议论，对部里有些老干部有意见，如认为他们不懂外交业务，又不肯刻苦钻研。其中有一位老同志官气大，喜欢训人，那时他担任党支部书记，我是团支部书记，对此深有感受。还有一位年纪不大的党员刚被提拔为副科长就摆官架子，对我们仍称呼他"老×"不高兴，要大家叫他"×科长"，等等。我当时入党不久，又是外交部机关团委青年委员，感到应当带头帮助党整风。我同司里几个青年商量，大家年轻气盛，认为应当趁整风把这些不良现象抖搂出来。我不知从哪里来的创作灵感，在上述素材基础上，几天就编好一出短小的讽刺剧，虚构一位"党支部书记"不懂装懂，官气十足，闹出不少笑话。剧本稿在司里墙报上贴出后，引起一阵关注。

到了那一年中，全国展开反右派斗争。因为这个剧本，我成为司里运动对象，全科多次开会对我进行批评教育。有的同事在会上说我写的这出短剧，客观上呼应了社会上"外行不能领导内行"的右派言论存在"中右"思想。最后司里对我的结论是：思想偏激，有"左派幼稚病"，不给任何处分。后来我了解，我 1957 年侥幸过关，同张闻天同志主持外交部反右派运动也有关系。他在部党委会上强调，对部里干部鸣放中的错误言论，思想可以批判，但能不划右派就不划右派，能不处分的就不处分，尽可能保护知识分子。他说发表过右派言论的多半是一些"秀才"和有能力的知识分子干部，一旦戴上右派帽子，不但他们政治生命从此断送，我们也不好使用他们了。

对"文革"中"左"的错误的剖析与认识

（一）"文革"初期我参加造反的内外因素

1966年5月，"文化大革命"开始。现在来看，我在初期参加造反几乎有其必然性，既有主观因素，也有外来原因，而且前者是主要的。我这个人看起来比较老实温和，但有"反骨"，受"斗争哲学"影响，容易顶撞来自上面的"不良现象"，喜欢提些不同意见，没有接受近10年前在整风"反右"运动中因为"反领导"受到批评的教训。我仍然相信党发动的政治运动可以解决腐败问题。在"文革"之初，我在外交部一个地区司工作，在江苏如皋参加"四清"运动，确实认为毛主席发动"文革"，是为了反对高官中的"骄、娇"二气，以实现"反修、防修"目标，自己有责任积极响应，起来揭发领导干部中的不正之风。由于徐以新、陈家康两位副部长掌握政策比较稳，外交部在如皋的"四清"工作队从年初开始经过八个月的工作，取得了较好的成绩。当地基层干部的强迫命令作风和多吃多占现象得到了纠正，干群关系明显改善。我本人在"四清"工作中表现突出，获得了部学习毛泽东思想积极分子的称号。这些，更加强了我以后回部参加"文革"的决心。外部原因是，部里这个地区司的造反派多次来信，认为我是司里的老同志，了解情况，要我揭发司主要领导同志的问题。因此，我于9月在如皋写了一份揭发领导同志的小字报，托人带回北京。

我记得在小字报里，主要揭发那位领导同志的两个问题：一是民主作风差，当大使时在使馆搞家长制，"一言堂"。譬如他要下面的同志听自己的话，排斥持不同意见的人。二是生活上特殊化。听说他回国时通过关系在国外购买了一台电冰箱（20世纪60年代初，部规定驻外人员不准从国外直接采购大件洋货）。是年8、9月，我所在司的情况与外交部其他单位大体一样，起来造反的人不多，敢于揭发本单位问题的更少。我们司最早造反的是几个 1964、1965 年刚入部的学生，他们思想激进，但不了解情况；还有几个因家庭出身或其他问题而不受重用的老科员，虽出来造反，但开始不敢讲话；像我这样受领导信任的业务骨干、所谓红人，起来造反并揭发问题的很少。由于我的小字报里揭发的材料在那时算是"严重"不正之风了，加上我上面的身份，据说我的小字报在司里公布后，引起不小反响，推动了我所在司的"文革"运动。这样，10 月我结束"四清"运动从南方回外交部，就在该司造反派推举下，进入了司造反组织的领导班子。

但是随着"文革"运动的深入，我同部和司里激进的造反派头头的分歧与矛盾逐渐显露，主要表现在三个问题上：（一）对一些领导干部的"错误"，我不赞成上纲过高，"打倒一切"；（二）对与造反派持不同意见的群众组织，以及不参加任何组织的群众，我不同意把他们划为保守派或逍遥派，"唯我独革"；（三）对外交业务，我主张根据中央"外交大权不能夺"的精神，进行"业务监督"，不要干预司行政领导的对外工作。当时司里一位所谓保守组织的负责人说，造反派要是都像朱应鹿那样，外交部大联合可以提前实现。这样七八个月以后，我终于被这些头头以"调和折中"、跟不上运动为由，从司造反组织的领导机构中撤换下来。接着我就参加了部造反派里"不同政见者"新成立的组织——"临勤"，与原来那些头头分道扬镳了。

尽管如此，我在造反期间的一些言行，还是受当时极"左"思潮影响的。

（二）"文革"中的错误、逆境，锻炼意志，激发奋进

1969 年底，外交部"文革"告一段落。我作为第一批干部被派往国外，恢复几乎中断了的对外工作。我记得是干部司一位中层领导找我谈的话。他说，你开始参加造反派，但后来态度有变化，组织是知道的。现在"文革"还没有结束，中东、非洲只有阿尔及利亚留一位大使，让你到那里工作，是对你的信任。他宣布我的对外职衔是随员。后来，我看到一些与我经历相同、德才条件相当甚至稍差的同志，因

为没有造反，先后派出国时定的职衔比我高。随员是外交官中最低的一级，我参加工作 16 年，过去多次受到表彰，一直是积极分子。这次领导上对我压低派出使用，我明白这是因为我参加过造反派，"文革"中犯了"左"的错误。一些激进的造反派受到批判，被调出外交部，而我却被派往国外工作，我感到这是领导对我的信任，也是对我的考验。我就是这样背着犯错误干部的包袱去阿尔及利亚的。当时我暗暗下了决心，要好好表现，改正错误，证明自己是忠于党、忠于毛主席的好干部。

1970 年 1 月，我到达阿尔及尔。不久，杨琪良大使找我到他办公室谈话。我首先向他表示，我将吸取教训，不计个人得失，做好对外工作。他说，你的历史和过去的表现我了解。你现在虽然是随员，但是我的第二把手（因为当时使馆中外交部派的其他外交官只有我一人，参赞、秘书都是兄弟部门的），我相信你，任命你当调研室主任。目前驻中东国家包括驻埃及的黄华大使都在国内，你关心的面要广一些，大胆工作。他话不多，但给了我很大鼓励。在遇到挫折时，受到这样的理解和尊重，我非常感动。

信任产生力量，压力促人奋进。我刻苦工作，多出智慧。经过广泛阅读各种报刊，反复思考中东形势，发现 70 年代初美国企图从越南脱身、重返中东与苏联展开争夺的新动向。在杨大使鼓励下，我写出了前面提到的受到部通报的分析文章。我虽然是使馆级别最低的外交官，但不妨碍发挥个人才华，作为部门（研究室）负责人，经常列席党委扩大会议，参与研究形势，出谋划策。其他部门有的高级外交官与我成了朋友，善意地和我打趣说："你是'拉大车'（法语随员 L'attaché 的谐音）的，照样成为大使的得力助手，真不容易。"

真的，在阿尔及利亚七年多时间里，几任大使对我都给予信任，同志们也不歧视我，工作又做出了成绩，心情还是比较愉快的。当然，"文革"中"造反"的社会声誉不好，我也造过一段反，这对我一直有政治压力。不过我感到，像我这样一个解放初期参加革命、发展比较顺利的知识分子，经过一些错误和曲折，受到点委曲，是有好处的，可以使自己头脑更加清醒，意志得到磨炼。正如国学家季羡林所说，"挫折会激发人的努力，进步反而更快些"，"不平有时会成为财富"。

行文至此，我不禁想起毛主席经常告诫干部的一句话："要夹着尾巴做人"。我觉得，一个人确实不要只想"过五关斩六将"，也要想想"走麦城"。一个人如果忘乎所以，认为自己一贯正确，把一切功劳归于自己，那他离犯错误、跌筋斗往往不远了。这样的事例，我一生也看到一些。

（三）"文革"中的波折促人反思，使我对党"左"的错误和自己的问题有了更深认识

对于"文革"初期参加造反所犯的错误，我相当一段时间内认识不深，总觉得自己造反是响应毛主席号召，为了反对领导干部的不正之风，反对腐败，动机还是好的。1978年改革开放后，通过对中央关于中华人民共和国成立以来历史经验教训文件的学习，包括中央党校的一年培训，以及在挪威对其社会状况的观察思考，我对"文革"中犯的"左"的错误及其根源有了比较深刻的认识，感到我党中华人民共和国成立后通过政治运动、大民主方式反腐败造成了严重后果。"文革"中，林彪、"四人帮"利用毛主席的错误和个人专权的领导体制，更把国家推进了深重灾难。我还看到，只有建立民主法制，进行自下而上的监督，并且实现普及教育和共同富裕，才能从根本上治理好腐败。这将是一个很长的过程。而在政治运动中，我个人的幼稚偏激，在关键时刻容易卷进过火行动。

世界上一些国家的权势集团与私人资本勾结形成的腐败蔓延开来，引起广大群众不满，被极端势力利用，酿成动乱，这是常见的现象。1989年国内发生的"六·四"风波，某种程度上就属于这种情况。当时我在国外任职。有几天，在西方插手下，国内局势很乱，使馆一度与国内联系中断。馆内个别年轻人思想动荡，对国内"官倒"造成的腐败不满，同情北京的反政府游行。我当时作为一馆之长，以自己对"文革"中左的错误的反思和大民主可能被西方利用的看法，做了正面疏导。

感悟：人生路上曲折多，荣辱沉浮平常事

中华人民共和国成立后，我作为过来人，经历了许多变化和动荡。个人有过顺利荣耀的时候，也遇到过曲折坎坷。如何看待荣辱沉浮，我有以下几点感受：

从国家前途和个人理想高度来观察评价人生

2000 年 9 月，苏州中学举行建校百年纪念，我们高中 51—53 届校友在阔别 50 年之后回到母校聚会，里面有教授、科学家、工程师，也有解放军军官、行政干部和企业老总。他们的经历处境不同，有些人比较顺利，有的因为家庭出身或政治运动受过不公正待遇，甚至被打成右派。一位同学在座谈会上说，光阴流逝迅速，半个世纪倏忽而过，我们从风华正茂的少年变成了两鬓染霜的老人。但交谈中他发现，大家的价值观和人生感悟竟是惊人的相似。他说，是时代铸就了我们这一代人爱国、敬业、坚毅、多思和乐观的高尚品格。对此我深有同感。还有一位校友在政治运动中受过冲击，现在条件比我们差。她在

2000 年 9 月，苏州中学三届校友阔别半个世纪后返校聚会留念（前排右十位校长倪振民，三排左六为朱应鹿）

会上满怀激情地说：我们30年代出生的一代人是幸运的：我们曾目睹旧社会的苦难和内忧外患，也经历了解放初期人民翻身、党和国家工作比较顺利的阶段；我们经受过党犯错误，特别是"文革"带来的严重曲折的灾难；我们上山下乡，学到不少书本上没有的知识和本领；1978年以后，我们也亲历了党如何纠正错误，尤其是实行改革开放以来今天取得的巨大成就。而有不少人没有看到这些变化，就离开我们了。最后她说，我们三〇后这代人的经历是多复杂曲折，而又何等丰富多彩呀！这位同志胸怀宽广，能跳出个人圈子，从宏观上理解幸福，引起我的共鸣。

对于涉及个人利益的事，无论是政治还是物质待遇，都要知足常乐

在政治待遇方面，对于自己的成功、升迁要有自知之明，永不自满。我常常想，我的成功，有不少是机遇，是运气好。先说1957年鸣放中我写的那个讽刺"党支部书记"的短剧，要在当时高校或一些基层单位，不会如此侥幸过关，说不定会戴上"反党"帽子，或受到什么处分。1984年8月被提拔为西亚北非司司长，我一直觉得除了主观条件外，也缘于外来因素包括幸运的成分，主要有三点：首先，那时正赶上1982年之后中央推行干部"四化"，大批老同志退下来，提拔年轻干部走上领导岗位。其次，1982年11月中央派吴学谦同志从中联部来外交部主持工作。当时外交部派性影响相当深，"文革"遗留的派别对立还存在，不仅有"造反派""保守派"，还有后来的"老爷派""小姐派"，等等。这些，在干部团结、使用上难免会反映出来。吴学谦同志正确贯彻党的政策，强调不算"文革"的历史账，不以派划线，主要看干部一贯的思想品德和实际工作能力。其结果，不仅使一大批干部的才能得到了发挥，而且有利于外交部干部的团结。但他这样做是不容易的。从我们党来说，几十年的政治思想斗争，简单对人用"左"和"右"划线，已成为深重积习。从个人来说，学谦本人在"文革"中长期受到严重迫害和打击，但他对一般参加造反的

人不存成见，采取了宽容谅解的态度。第三，这一段时间我恰好在部里工作，容易得到部领导和干部司的关注和考察，而有些德才兼备的干部远在使馆，缺乏这样的机会。基于这些认识，我被提拔当司长后，并没有忘乎所以，能保持谦虚谨慎。

当然我清楚，本人的仕途后来停止在正司上，还是与"文革"初期参加造反，犯过"左"的路线性错误有关。但我并不后悔，因为一个人寻求真理、走向成熟的道路常常是不平坦的。想想不少有才华的、我年轻时的同学或同事，在中华人民共和国成立后的政治运动中摔了跟头，遭受种种厄运，更感到自己是幸运的。我的感悟是：人生路上起伏多，荣辱沉浮平常事。

关于物质待遇，21世纪初，我退休下来的最初几年里，月收入两千元刚出头，比中央、北京市一些经济部门的同级干部少，但较部分事业或企业单位的人员多。我的退休金，等于中等略偏下的工薪阶层收入，我是满意的。我家住在北京市方庄地区，常常去附近天坛公园晨练，结识了不少老人。有一回，一位从中央事业单位退休的中层干部慢跑之后与我聊天，抱怨他退休金少，一月才1700元。差不多同时，我从《人民日报》上读到一则关于分配不公的报道，披露一位参加抗美援朝的老干部，从东北某地方企业退下来，月收入仅1300元。可慰的是，不久中央决定提高部分收入偏低的企事业单位退休人员的待遇。我还耳闻目睹，国内不少工农劳动者和一些弱势群体，生活仍相当艰辛。

我的体会是，对于涉及个人名利的事，包括退休后的物质待遇，完全不与人比很难做到，但可以多同比自己条件差的比，尤其是同大多数人比，这样容易满足，甚至感到有愧。有同志可能会说，你的"知足常乐"有点"阿Q精神"。是的，但这样做，对一个人保持心理平衡，可能会有好处。

做一个普通的人

当了官有了一定权力后要过许多关，就没有普通人那样活得潇洒、轻松、本色了。下面想讲一点我过人情关的苦衷。

外交部是"清水衙门"，领导干部又无多少权力，而且作风比较清廉，但我当司长、大使的 14 年间，还是遇到一些人走我的门路。先后有三位同事和一个亲戚提出安排到我主管部门工作的要求，我都加以婉拒。还有两位部属希望我帮助解决提职升级或延长驻外任期的问题，我按规定未予满足。结果熟识的人迅即成为陌路，自己的亲戚从此不愿见我。我感到，在中国这样一个讲"关系学"的国家，讲人情尤为普遍。我比较死板，在这方面确实得罪了一些人，有时内心也会产生某种不安。不过想想也好，我在职时无有"门庭若市"，退下后也不存在"车马稀"，更没有什么失落感。我觉得还是做一个没有个人权力的普通人好。

无独有偶。我同父异母的大弟朱应明比我小 10 岁，20 世纪 80 年

1976 年 10 月，朱应鹿从驻阿尔及利亚使馆回国休假，与大弟朱应明在故乡昆山正仪乡下合影

代初在故乡昆山正仪当过乡长，因为秉公办事得罪了一些亲友。我回乡探亲，发现有的人对他颇有微词，甚至不理睬他。但弟弟对此比较坦然。后来我了解了他在正仪的成长史，感到这是可以理解的。有一次，我弟弟告诉我，20世纪50年代末，家里生活困难。初中毕业后，他就到正仪北面一个生产队插队，衣食靠农民。他被分配放鸭，就早出晚归，照看生产队集体养的鸭群。鸭在河边生蛋，因为饥饿，不少与他做同样工作的年轻人把蛋捡回住处自己吃或送家里人吃，唯独我弟弟总是把鸭蛋率数交给队部。乡亲们看在眼里，时间长了，觉得这个后生老实可靠，加上他有文化，二三十年里先后被推荐当小队、大队、公社会计，一直到被选为正仪乡长，并多次连选连任。90年代初，他被调任昆山市物价局副局长。21世纪初，我有时与他一起回故乡正仪探亲，看到老人们还把这个过去的父母官当作自己的小辈一样亲热。弟弟甚为欣慰，对我说，他是在正仪乡百姓抚育下成长起来的。我想，在他心目中，乡情是高于友情亲情的。

我聆听过周总理关于人际关系的教诲。那是20世纪60年代初，他向外交部干部做形势政策报告时，忽然中间插上一段话："同志之间的关系是纯洁的，古人云'君子之交淡如水'，我们应当这样。"现在我记不清总理当时讲这段话的背景，但我认为他是有感而发，既是他本人的人生体会，也是对外交部干部的忠告。

我们在国外做外交官特别是当大使后，常与外国领导人交往，好像身份很高贵，这是因为我们代表的是自己伟大的国家。有时出席国外的交际场合，西装革履、觥筹交错，显得倜傥潇洒，这是因为对外工作需要。但我们要知道，自己是一个平凡的人、一个普通的人。与许多同龄人一样，我到过偏僻乡村，穿着布衣与农民同吃、同住、同劳动。回国后我也喜欢过简朴自在的生活。

我想讲两件发生在自己身上的事情，听起来有些好笑，但真实反映了中国外交官没有架子。

1975年我在阿尔及利亚使馆当三等秘书。那年6月回国休假，想去上海探亲，因为一票难求，半夜去北京站排队。那时条件简陋，我与几个年轻人就按次序坐在站外空地上，前面用一块砖头压上一张白纸条，上面写着去上海的车次号码，两旁还有排其他车次的队伍。我去得早，排在第一个，就衬条手帕席地盘坐在这块砖头的后面。夜间困乏，在朦胧中我忽然想起，此时要是那位在阿尔及利亚经常与我联系的法国名记者、《世界报》特派记者保尔·巴尔塔出现在面前，他一定会非常惊讶，以为这位中国外交官改行了，回国当测字先生，或者做小地摊商了？

另一次是 1999 年 6 月，我刚从驻挪威大使任上退下来不到一年。我们家里搞装修，因为没有年轻人，一切都是我和老伴张罗。那时北京装修业不发达，我们包工给一家小的私人公司，有些材料还要业主参与选购、装运。我经常和装修公司的一位师傅去商场采购材料。有时他在马路上踏一辆板车，上面放一些地砖、板材，我骑自行车在后面跟着。因为天气太热，他赤了膊，我穿一件背心，汗流浃背，脖子上系一条白毛巾，像街上常见的搬运工一样。我想，前面这位师傅，一定想不到后面这个能搬会扛的助手，慈眉善目的老头，不久前还是一个坐高级奔驰车出入外交场合的大使。我还想，如果这时候遇到我认识的来访的外国朋友或驻华的外国使节，我会对他们说，这就是中国，一个正在发展中的社会主义国家！这就是中国大使，能上能下、亦官亦民的高级外交官！

有些年轻朋友可能会说，你之所以成为普通劳动者，是因为你已经是退休大使了。我现在讲一件在任大使的真人真事。他是一位我非常熟悉、尊敬的老同志，20 世纪 70 年代末出任驻联合国大使。有一年冬天回国休假，当时他所在的外交部宿舍还没有安装煤气管道，他去外面换煤气，并扛了沉重的煤气罐上楼。这个情况不知怎么被一位美国记者报道出去，一时成了西方的笑谈。而在我们看来，这不过是一桩平常的事情。

根本在于建立正确的世界观、人生观

我之所以对个人荣辱得失比较淡然，还同年轻时建立正确的世界观与人生观有一定关系。我常常感到，近 70 年来虽然我们经历了许多曲折和动荡，但我国建设取得了举世瞩目的巨大成就，发生了梦幻般的变化。2009 年月 10 月，我回到昆山探亲，看到当年我去投考中学的普通小县城，已发展成为一座现代化的、相当繁华的、具有百万人口的中等城市。我认为，在这 60 多年里，我们党和国家在工作中确实犯过错误，走过弯路，现在依然面临不少问题，但我们的社会还是让像我伯母那样千千万万受损害的人的地位得到了根本改变，它是为国内大多数人的利益服务的。

随着年龄和见识的增长，我看到沧桑巨变，物是人非，世上荣华富贵如过眼烟云，我更感到人生苦短，唯有祖国和人民是永恒的，应当多为它们做些事情。我们中国有句流行的老话："不听老人言，吃亏在眼前"，我觉得这句话有一定道理。人老了，见识多了，省悟多了，又比较超脱，因此，对事物的认识可能客观些、深刻些，尤其是对自己的估量可能清醒些。我在垂暮之年，用拙劣的笔，写了自己的国外见闻与人生思考，尤其是讲了我从自身缺点与错误中不断学习的体会，也算是我用个人的余热，对抚育我的社会做了一点回报吧。

家有贤内助

俗话说："一个成功的男人背后，必然有一个伟大的女人。"我的夫人童心礼就是这样的女人，是让我赞不绝口的贤内助。我们结合50 多年来，一直风雨同舟，共享欢乐。她不仅是贤内助，也是我工作上的重要帮手。

她是上海人。父亲童润夫是一位爱国纺织技术专家，1956 年被任命为上海棉纺工业公司总工程师。母亲冯缦云是知识女性，教过书，解放后积极参加里弄工作。他们的子女都先后参加革命。童心礼于 1950 年 10 月在抗美援朝运动中从上海市立女一中参加军事干部学校，分配到北京外国语学校。由于她英语好，一进校经过考试，便破格进入二年级。1951 年 8 月，她又被外交部选送到苏联莫斯科国际关系学院学习。1958 年初她回国后，被分配到外交部西欧司工作。截至1998 年 6 月从驻挪威使馆回国，她从事外交工作 40 年，其中 19 年与

我一同辗转多个驻外使馆工作。这些年来，她无怨无悔地在外事、家事中穿梭，不仅在工作上给我颇多的启发与帮助，亦给予我和家人无微不至的关心。

1958年初她来到外交部上班时，年轻漂亮、才华横溢、能歌善舞，业务上也有一套自己的风格，加之懂得俄、法、英三种语言，立刻就吸引了不少男青年的目光。她在苏联留学毕业时，门门功课都是5分，是当之无愧的才女。

说起我为何能从追求她的外交部单身汉中脱颖而出，幸运成分的比重不小。1958年中，中国贸促会在摩洛哥举办一个经济博览会，同时派一个茶叶公司的总经理率领贸易团访问，以经济促外交。我当时在西亚非洲司工作，部里派我陪团前往。她刚到西欧司，部里为了锻炼干部，决定派她作为法语翻译随团出访。通过两个月的接触，我们相互间有了初步的了解和感情。此前我也在西欧司工作过，两个司的有关领导对我比较了解，他们也极力帮助促成她与我的关系。除却这些因素，我的刻苦、老实等品质可能也中了她的意。因此，1958年年底，我们确定了恋爱关系。1959年中，中国与几内亚建交，这是我国在撒哈拉以南非洲的第一个建交国，我们俩被内定随赵源代办于当年底前往科纳克里建馆。为了工作方便，我们决定于11月7日——苏联"十月革命节"举行婚礼。婚礼地点选在外交部小饭厅，亲友、两个司的有关领导和同事们踊跃出席，我们端出茶水、糖果招待，婚礼简朴而热烈。新房就借用了外交部附近的一间小屋，由于随后要出国，连被褥都是找同事们临时借用的。

1984年8月，我被提拔为外交部西亚北非司司长，因为中东问题错综复杂，内外事务繁忙。童心礼是西欧司的业务骨干，工作也很忙，经常在家开夜车赶写材料。凭借出色的业务能力，她多次受到表扬，并获得了外交部"三八红旗手""先进个人"等荣誉称号。但为了支持我的工作，她主动承担了许多家务。我记得女儿上小学时，有将近一年的时间，她每天中午都从部所在地骑自行车赶回家准备午饭，再送女儿上学，然后再急忙返回上班，风雨无阻，确实十分辛苦。

1987 年 7 月，我出任驻外大使。而她作为大使夫人，无疑成为我在工作上的重要帮手。在驻突尼斯、埃及和挪威三个使馆，她帮我出谋划策，兼顾上层交友工作，还在研究室撰写一些调研材料。在突尼斯、埃及，她兼管馆内妇女工作；在突尼斯还担任过使馆党支部书记，帮助做内部思想政治工作。

我们在突尼斯时，使馆交友工作十分活跃，她功劳不小。我离任时，许多突尼斯朋友和使节夫妇都去机场送行，霎时间机场贵宾室宾朋如云。一位老大使不无感慨地说：今天欢送中国大使夫妇，人数之多，气氛之热烈，是他从未见过的。我认为，这反映了我国的国际影响力有所增强，自然也同使馆交友工作的成功分不开。

来到挪威，从 1994 年 10 月 1 日满 60 岁退休起，她已是一个不拿工资的公务员，但照样全天工作。她在研究室主管双边关系，并帮助指导年轻同志。她文采好，又会多种外语，常帮我润色对外讲话。1997 年 7 月 1 日，使馆举办庆祝香港回归招待会，我用英语发表讲话，博得全场一片喝彩声。美国驻挪威大使过来向我表示祝贺，他知道我的第一外语是法语，英文水平不高，微笑着对我说："你今天这个讲话，英语表达流畅、完美，一定有尊夫人的功劳。"我没有回避，半开玩笑地回应："还是老朋友了解我。"

我的夫人还有一点尤为难能可贵。由于种种原因，她退休时还是正处级一秘。据我观察，外交部女干部中像童心礼这样的情况不少，而且我认为在干部任用问题上对女同志的不公允现象，不仅在外交部，全国都存在。但她从不计较，没有在职位问题上提过任何要求。

我的夫人在对待我的家庭上，也显示出她贤惠的好品质。20 世纪60 年代初，我父亲失业在家，加上我三个弟弟年龄小，家里经济负担重，我们每月将近一半的工资都寄回老家作为生活补贴。直到 1980 年我父亲去世前，我们仍尽力赡养，她对此一直给予支持。这件事，我父亲和其他家庭成员每每提起，都十分感动。一家人和睦、相亲，福气、祥和之气油然而生。我能享受到这样温馨的家庭气氛，夫人功不可没。

2009 年 11 月 7 日，在北京方庄家里，我们庆祝金婚，纪念 50 年的风雨同舟。女儿、女婿兴高采烈地张罗，远在美国的儿子赶回来参加，几家近亲也出席了聚会。

万幸，我们俩人现在身体还算健康。退下来以后，我们去了一些过去没有到过的地方，包括宝岛台湾，饱览祖国的大好河山。

北京是历史文化名城，我们居住在这里，时常参观博物馆和纪念馆，进一步了解祖国丰厚的历史与文化；还习惯性地关心国内外大事，特别是国际形势，以与同事们切磋探讨为乐事。

夫人闲来唱唱京戏，自娱自乐，我每天能健步一小时。2011 年 6 月，为庆祝党的 90 岁生日，我还同一些退休干部到部里登台唱红歌。

至今，家里没有请保姆，因为我们俩互相帮助。现在，我也学着做些家务，帮助买菜、切菜，做妻子的好助手。感谢她为我、为家庭无私的付出。

1959 年 11 月 7 日，结婚照

1961 年，岳母冯缦云与岳父童润夫合影

1959 年 11 月 7 日，朱应鹿夫妇和岳母合影

1998 年年底，在澳门旅游

2000 年 1 月 2 日，在天安门前

2005 年 7 月 17 日，华盛顿白宫

2005 年 4 月，在香港会展中心前

2005 年 7 月，游览美国尼亚加拉大瀑布

2006 年 4 月，朱应鹿夫妇参观革命圣地延安

2006 年 9 月 28 日，内蒙草原

2007 年 5 月，九寨沟

2007 年国庆前夕，在国家大剧院前

2010 年 11 月，参观台湾最南端——猫鼻头

2010 年 10 月 10 日，台北阳明山

2009 年，国庆 60 周年前夕在中山公园

2011 年 6 月 22 日下午，在外交部礼堂，离退休干部唱红歌庆祝党的 90 岁生日

1999 年 10 月，夫人童心礼参加
外交京剧学会演出"龙凤呈祥"

后　记

本书写作过程中，得到了外交部欧洲司北欧处有关同事和挪威王国驻华使馆有关方面的热情帮助，谨致衷心谢意。

此书还参考了一些文献，其中包括中国社会科学院《列国志》编委会主编的《挪威》和挪威作家艾尔夫·彼耶克撰写的《挪威》等著作。

我的外交部同事、老朋友冯运祥，耐心地帮助我打印本书全稿，特此致谢。

我的夫人童心礼，一直支持我写这本书，她参与了书中素材的积累、文章的构思和文字的修改工作。

朱应鹿

鸣谢：

外交部老干部笔会

青岛聚大洋藻业集团有限公司